极简西方
人文史

哥伦比亚大学
人文素养课

［日］中村聪一 / 著

王丹 / 译

教養としての
ギリシャ・ローマ

名門コロンビア大学で学んだ
リベラルアーツの真髄

上海教育出版社
SHANGHAI EDUCATIONAL
PUBLISHING HOUSE

目录

序章

为何美国的一流大学
都重视人文科学

先掌握人文科学，方能进入专业领域

我在美国哥伦比亚大学学习期间，校园里非常自然地渗透着这样一种思维方式：先搭建整体框架，再对局部填充相应的细节，从而实现前后一致的"合理性"。在这种风气的影响下，对于日常交流中感到"不合理"的事情，无论对方如何强硬，大家也不会妥协接受。相反，只要是自己能够接受的事情，做起来就会十分顺利。从某种意义上讲，这种简单明了的合理性是学校里人人都内化于心的一种特质。

这到底是欧美人与生俱来的特质，还是在后天教育中习得的呢？我们不得而知。无论如何，大学的教育体系正是在这种文化土壤中形成并发展起来的。据我所知，要想开办一所大学，首先要从宏观上明确其发展方向，然后以办学方针为基础，制订详尽的课程设置计划，最后进一步细化到每门课程的教学大纲。只有以上各方面能够保持绝妙的平衡，大学才能顺利运营。

日本的大学在课程设置方面与欧美的大学有着很大的区别。日本大学生一入学就被分配到具体的专业，而美国的很多大学规定学生的学分或 GPA 要达到升入三年级的条件，才能申请进入想要主攻的专业领域。不同的大学可选的专业范围也有所不同，但是与实行本科专业系别制的日本大学相比，美国大学的专业覆盖面更广。

其中一个表现就是，美国大学不像日本大学那样明确划分文科和理科。有的学生可以一边专攻物理学，一边涉猎文学和音乐知识，有的学生则是在专攻经济学的同时辅修数学。对于更加学有余力的学生，学校会提供能够同时主攻不同领域专业的平台。

需要说明的是，几乎所有课程都有修读条件。每门课程都设置了预备科目，只有通过了预备科目，才能修读这门课程。

在实行这项规定时，学校会采用可视化的手段。比如，将面向本科一年级学生的课程代码标记为"1***"，二年级的标记为"2***"，以此类推，三四年级的标记为"3***""4***"。更进一步的研究生课程，代码则为"6***""8***"等。在此基础上，规定如下：如果没有修读"1***"的课程，就无法修读"2***"的课程；如果没有修读"2***"的课程，就无法修读"3***"的课程。从而形成了层次极其清晰的金字塔形课程设置模式。

在这种模式下，学生能够了解自己所学的知识处于哪一层次。同时，对于老师来说，这种模式也是把握学生水平的利器。为了避免知识储备不够的学生混入专业水准更高的课堂，学校可谓煞费苦心。当然，各门课程的教学大纲也要依据这一规则来制订，这样一来，教学质量就比较容易保持稳定的水平。

这种金字塔形课程设置模式的基石就是"通识教育"，也就是上述例子中的"1***""2***"这类课程。如果没有掌握通识课上教授的人文科学，学生就无法进一步开始专业领域的学习。

带领欧洲脱离"黑暗时代"的希腊文明

为何作为最高学府的大学如此重视通识教育？

其中一个原因，与欧洲大学的起源息息相关。12 世纪，十字军在东征时，将大量从阿拉伯地区掠夺而来的古希腊学术典籍等战利品带到了当时的据点意大利。承担希腊古籍翻译任务的知识阶层所形成的组织，可以说是现代大学的前身。此后，这类组织在欧洲各地相继建立起来。

古希腊学术成就涵盖自然学、天文学、修辞学、逻辑学、数学、几何学、哲学、建筑学、造船、艺术等多个领域，这些被视为希腊文明的学术成就正是人文科学的起源，而通过重新发掘这类古典学术而兴起的一场声势浩大的运动，正是"文艺复兴"。

在文艺复兴之前长达数个世纪的时间里，欧洲烽鼓不息，破坏、掠夺反复上演。"黑暗时代"的欧洲，荒芜殆尽。文艺复兴之后，希腊文明得到重生，以柏拉图和亚里士多德为代表的希腊思想文化融入了基督教神学与哲学思想，而这正是文艺复兴的意义所在。

这场运动以大学为先导不断推进，最终带领欧洲脱离了黑暗时代的统治，并诞生了位于现代世界中心的价值体系。换言之，通识教育正是欧美大学形成的起点，也是欧洲复兴的救世主。

之后，欧洲进入大航海时代，随着新大陆的发现，世界中心由地中海转移到大西洋、太平洋，两大洋时代由此开启，美国一跃成为世界霸主。当时，美国的教育规划是推行通识教育，鉴于欧洲社会通过重新发掘希腊思想文化，摆脱了黑暗时代，走向辉煌繁荣，美国的这项规划也希望学生都能重新发掘希腊思想文化，从中获取知识的力量。

尤其在顶尖大学，通识课是本科阶段的基础课程，也是攻读某一特定专业的前提条件，所有本科生都必须学习这些核心课程。

提到日本的古文和历史课程，可能大家至今都记得那些需要背诵的篇章。但美国通识教育则主张读解用希腊文和拉丁文写成的古籍原文，并不需要一字一句地死记硬背。虽然有一段时间也要求过背诵，不过那已经是 100 多年前的事了。

学习人文科学的意义（一）——了解先人的思想

那么，生活在现代社会的我们为何要学习人文科学呢？阅读那些在遥远的公元前写成的古籍有何意义呢？

我认为，答案可以概括为五个"了解"。

第一，了解先人的思想，并且在阅读时融入自己的思想。

古典学术中孕育着文明。但那个时代的人们并没有一味地沉浸在当下的文明中，而是花费了大量时间去伪存真、去粗取精，努力发展科学，才形成了今日的文明。

回顾整个过程，我们也重温了先人的思考历程——每个时代的人都有着怎样的问题意识，他们的大脑中都在想些什么问题。先人这些想法的日积月累，也为现代人的问题意识和所思所想提供了支撑。

比如，远古时代，人们遥望夜空时都在想些什么呢？漆黑的夜晚，闪耀在黑暗中的无数光点，在他们眼里是怎样的呢？"星星"的概念是由谁提出的，他又是怎样想到这个概念的呢？夜空中的星座是如何成为航海指向标的呢？先人又是经过了怎样的思想飞跃，才意识到地球是围绕太阳运转的行星之一呢？正是所有这些想法的日积月累，今日的我们才最终能够飞升太空，取得一番成就。

当然，这番成就并不仅限于天文学领域，我们的周遭充斥着文明赐予的无数恩惠。如果没有这种意识，可能就无法注意到我们身边的一切都是长期付出时间和劳动积累出来的文明成果。以这样的视角重新审视周围，就会对各种各样的事物抱有兴趣，或者说，会用全新的方式思考问题。通识教育的真正目的，就是为这类大脑思维活动奠定基础。

学习人文科学的意义（二）——了解"学习"的价值

第二，了解到底何为"学习"。

哲学家柏拉图借苏格拉底之口说道：

"所谓教育，并非像某些人所宣扬的那样。他们宣称，因为人的灵魂中没有知识，所以他们要将知识灌输到人们的灵魂中。

"但是，我们现在的讨论表明……我们每个人所拥有的获取真理的能力，和在这种能力下认知世界的各个器官，从一开始就存在于每个人的灵魂中，只不过就像全身不一起转动的话，眼睛就无法从黑暗转向光明一样，要将这种能力和认知世界的器官随着整个灵魂一起从轮回世界转向现实世界，直到能在这个现实世界中看到最光辉的存在，教育就是要一直引导和培养人的这种能力。

"所谓教育，其实就是思考怎样最温和、最有效地实现器官转向的一种技巧。"（出自柏拉图《理想国》）

教育并非给予人们视力，而应使人们改变视界。那么，最有效的转向技巧到底是什么呢？在欧洲和美国，一直都有在历史中寻找答案的传统，因为这些国家对自身历史抱有很强的自豪感。在历史上，他们仅靠自身的智慧建设国家，克服了重重困难，不知不觉就超越了古代文明，引领世界发展的潮流。

学习历史，并非仅仅把历史作为知识塞进大脑。广义来说，是通过学习历史来构建世界观。年轻时树立的世界观，等到进入社会、肩负重任时，就会指引人们选择前进的方向，判断是非对错。

历史教育是美国教育规划中的一环，经过发展完善，最终形成了通识教育。本书的纵向时间跨度是从欧洲起源一直到近现代的历史进程，横向内容跨度是从苏格拉底、柏拉图、亚里士多德到马克思、达尔文的哲学思想。虽然本书仅能介绍最基础的部分，但希望各位读者能够从中体悟到一些基本的世界观。

另外，关于美国大学引入通识教育并不断对其进行发展完善的过程，将在终章部分进行介绍。

学习人文科学的意义（三）——了解"自由、独立精神"

第三，了解人类最看重的"自由、独立精神"。

如今，许多发达国家都位于欧洲，而欧洲发源于爱琴海文明（克里特文明和迈锡尼文明），这一文明在公元前 2000 年左右才得以兴盛，可以说比起世界四大古文明，爱琴海文明兴盛的时间是相当晚的。爱琴海文明原本的主导者并非克里特岛上的土著居民，而是那些从黎巴嫩、叙利亚等周边地区殖民而来的海洋民族——腓尼基人。这些殖民者从零开始，白手起家在当地建设城市，发展文明。

当然，这些殖民者也并非漫无目的地进军地中海地区。要想开拓出一片新天地，少不了科学的全局意识和缜密的推行规划。在这个过程中，他们满怀建国之心，不断整合全局规划和具体的推行措施，在试错中一路前进。

但是，希腊文明的形成之路绝非一帆风顺，其间，民族战争和国家内乱等纷争不断。我将在第一章中详细介绍这部分内容。当时的吟游诗人用一种富有神话色彩的方式把发生在这一时期的故事记录下来。这些作品被后世广为流传，其中最著名的有荷马的《伊利亚特》和《奥德赛》。

之后，据说为了终结乱世，调和民族矛盾，第一届奥林匹克运动会于公元前776年举办，此后每4年举办一次，一直持续了大约1200年，直到罗马帝国分裂成东、西罗马帝国才停止。时至今日，奥运会和残奥会依然被奉为"和平盛典"，因为和平始终是奥林匹克精神的一部分。

第一届奥林匹克运动会之后，希腊人开始向地中海各地扩张，并建立殖民城市。当时，希腊人的扩张欲望极其强烈，后来柏拉图甚至扬言"让青蛙在地中海的池塘里繁殖"。就这样，地中海从一片蛮荒之地，逐渐变成了一个开放的世界。

说到欧洲的冒险史，最广为人知的当属15—17世纪大航海时代的海上探险。进入大航海时代后，世界开始真正向全球化发展，欧洲也在世界上确立了主导地位。但他们在2000年以前的祖先才是这方面的先驱者。

无论如何，当时的腓尼基人和希腊人身上有许多值得我们学习的地方。也许有人认为，他们用自己的双手建设国家，并形成独特的文明，这种思想和价值体系与现代社会相去甚远。但即使时代和环境变了，我们这代人仍可以从他们建设国家、形成文明的过程中获得启发，受益无穷。

我们要学习他们强大的开拓精神。为了追求更加富足、自由的生活，他们勇敢地迈向未知世界，无论到了哪里都不依赖他人，而是凭借着自身的力量建设新城市。这种进取之心，是年轻人尤其应该具备的。同时，他们在开拓的过程中也会遭遇各种失败，上演无数悲剧，我们也能对此感同身受，但更重要的是要吸取历史教训，并时刻铭记于心。

学习人文科学的意义（四）——了解哲学和伦理学

第四，了解何为哲学和伦理学。

这两个词乍一看似乎让人捉摸不透，简而言之，这门学科探讨的就是怎样更好地生活，要构筑怎样的世界才能获得幸福。

众所周知，这门学科的创始人是希腊的苏格拉底、柏拉图和亚里士多德。在走进这三位先哲的思想之前，我们有必要先了解一下他们为何会产生这种想法。简单来说，这是因为在当时的希腊社会中，人们无法获得更好的生活，也无法获得幸福。

具体来说，在这一时期，希腊发生了两场大的战争。第一场是公元前5世纪爆发的希波战争，前后反反复复持续了数十年。当时，位于地中海西侧的希腊作为一个发展中国家，发展势头迅猛，实力日益强大，但遭到了当时的亚洲强国波斯帝国的侵略。希腊全国上下团结一心，一致抗敌，与波斯帝国形成了对峙的局面。

最终，希腊付出巨大的牺牲才击退了波斯帝国，可以说，这是希腊繁盛期的一个象征性事件。后来，历史学家希罗多德在其著作《历史》中详细地描写了这段历史的始末，本书将在第二章进行介绍。

此后不久，雅典和斯巴达为争夺希腊霸权而形成对立，由此爆发了一场血腥的内战——伯罗奔尼撒战争。

这场战争又是一场惨烈的损耗战，虽然最终斯巴达获胜，雅典时代终结，但此后希腊国力凋敝，发展走向低迷。修昔底德在其著作《伯罗奔尼撒战争史》中描述了这场战事的始末，本书将在第三章进行介绍。

以上两场战争有一个共同的主题，即民主政治这种政治形态。雅典是城邦民主制国家，在希波战争中，是城邦市民的独立心和公共心促使了战争的胜利。而伯罗奔尼撒战争一开始虽然也有国家领袖的更迭，但民主政治只是流于表面、愚弄民众的一种手段。

民主政治是现代化的标志，但也不能将其一概视为进步的、优越的。只有以强大的领导力为基础，民主政治才能发挥出应有的价值。2500年前的战争悲剧向世人昭示了这一点。

将这种问题意识传承下去的正是苏格拉底、柏拉图和亚里士多德。苏格拉底虽未给世人留下个人著作，但其弟子柏拉图在著作中以他为第一人称，讲述了苏格拉底的个人思想。

虽然这些哲学家有些思想存在对立，但有关个人和国家的关系、个人的幸福等的论述则是相通的。正因为世人都生活在国力渐衰、世风日下的环境里，人们才通过探究个人思考、行为规范、国家体制的理想形态，来不断摸索国家的复兴之路。之后，这种追问和探索就演变成了所谓的哲学和伦理学。

上述有关苏格拉底、柏拉图的著作将在第四章到第六章进行详细介绍。届时大家应该会发现，从西洋文明中诞生并发展起来的近代政治哲学，正是起源于这些先哲的思想。我们还会惊讶地发现，早在大约 2500 年前，人们就已经开始面临这种极具现代化色彩的问题，并苦苦追寻答案。

还须说明的一点就是，先哲们都主张正确教育的重要性。前面已经讲过苏格拉底和柏拉图的教育思想，而亚里士多德所倡导的伦理学，或称"灵魂的教育"，则强调了日常"习惯"的重要性。该主张后来被纳入基督教的教义，成了西方社会"出色""尊严"等思想底色中不可或缺的要素，从而被世代继承、发扬光大。同时，这一主张也影响了中世纪欧洲流行的骑士道精神和近代英国的绅士精神的形成。

因此，在培养精英人士的高等教育中，重点是要了解古希腊先哲们的思想是经由怎样的路径才一直流传到现代社会的。

学习人文科学的意义（五）——了解文艺复兴的意义

第五，了解"文艺复兴"以来建立的知识谱系。

人文科学和文艺复兴之间有着深刻的联系。文艺复兴是为了重新学习希腊主义文明，而在现代社会，人文科学也是为了重新学习这些希腊文明以及其后出现的经典学术文献。

最初的希腊文明是在马其顿的亚历山大大帝东征时期形成的，当时亚里士多德担任亚历山大大帝的家庭教师。东征时期形成的最大版图以希腊为中心，还包括波斯帝国、印度边境地区以及埃及。由此，希腊智慧和东方文明得以融合，形成了极具希腊文化特色的希腊文明。

与此同时，这也意味着一个统治了整个地中海世界的全球化思想和价值观体系的诞生。

其后，这种希腊文明被地中海世界的下一任霸主——波斯帝国所继承。但是好景不长，随着基督教国教化（推行基督教为国教）的开展，希腊文明受到排挤，再加上受到具有蛮族之称的日耳曼民族的入侵和肆意掠夺，罗马帝国走向衰弱，西欧陷入了崩坏、混乱的时代，象征着希腊文明的文物也随之消散殆尽。

但是，希腊文明并未就此从世界上消失，而是被带到了伊斯兰文化圈的东方国家，并给这些地区带去了繁荣。如前所述，正是以十字军东征为契机，这些希腊文明又回到了欧洲，并成了文艺复兴的导火索。

几乎在同一时期，欧洲相继迎来了历史大变革，其中之一就是进入地理大发现时代，并通过在非洲、亚洲和美洲各地建立殖民地，形成了掠夺世界财富的殖民体系。

另一个就是宗教改革。基督教罗马旧天主教会是中世纪欧洲社会的重要阶层，他们依靠其绝对的权威和财力，拥有了凌驾于封建社会世俗领袖之上的政治权力。此外，他们还在文艺复兴运动中发挥了领导作用。

但是，以马丁·路德为代表的新教势力的抬头，使教会内部开始分裂，并引发了宗教战争。此后的一个多世纪，欧洲各地硝烟滚滚，战乱不绝。

据说正是通过这三场大变革，欧洲才得以脱离中世纪的黑暗统治，迈入近代社会。随之而来的是科学和学术思想的萌芽。18世纪下半叶，英国爆发工业革命，社会上涌现出启蒙思想的浪潮。启蒙运动也为之后的法国大革命和美国独立宣言提供了思想支撑。

启蒙思想强调人类的理性和智力，在当时是极为进步的，但实际上是对古希腊三贤教义的回归。可以这么说，时代终于追赶上了他们的脚步。

自此之后，分析社会或对社会产生影响的著作层出不穷，都是出自各个时代的代表性学者和政治家之手，并且有不少流传至今。这些著作虽然从各种各样的视角和见地出发，但仍然可以看出它们都源于古希腊三贤的知识谱系。本书第八章将选取其中最具代表性的作品，来追溯从文艺复兴之后到近代的历史进程。

通识教育是人类修养的必修课

人类发展至今，得益于长年累月的付出，才收获了对世间万物的认识，并掌握了丰富的技能。通识教育正是研究人类智慧结晶的知识架构。

最近在日本，重视通识教育的呼声越来越高。但是大部分人至今仍未明白通识教育到底意味着什么。实际上，广义上的通识教育有多种解释，尤其在学术、思想领域更是没有限制性的定义。比如，学习西方美术史、思想史和音乐史等普通教养的课程，也属于通识教育的范畴。

但是本书仅介绍依据哥伦比亚大学的核心课程计划而开设的通识课。这些课程经过100多年的进化，形成了世界领先的美国式的通识教育模式。在现阶段，该模式明显领先于其他国家和大学，相信今后也将进一步完善。

通识课程共分为哲学、宗教、艺术和科学四类，课堂上教授的并非专业技术，而是其历史、形成过程以及蕴含的思想理念。在哥伦比亚大学，能够胜任此类课程的教师"质""量"兼具，世界上有这种条件的大学为数不多。这恰恰彰显了哥伦比亚大学的优势地位，同时，这也意味着在整个世界范围内，只有极少数人能够真正了解人文科学的精髓。

这类课程与其说是教授基础性的人文科学，不如说是开展一场自我修养的训练。就像想要成为一流的运动员，就必须经过严格的训练，不能只把运动当作兴趣。所有人都是如此，不经过训练就无法成为一流人才。

因此，通识课程所教授的并不是特定而具体的知识点，也不是对生活有帮助的实际经验。换言之，通识课程所教授的内容无法让学生获得即时的反馈，它是一种考验和磨炼，为的是让学生在未来成就更好的自己。

所有学生，无论什么专业，在进入大学后的前两年，都要阅读2000年前的经典书籍。这些书籍并非后人注释本，而是原版英文译本，这就更像是一段苦修之旅了。哥伦比亚大学的教学大纲中，对其含义表述如下："尽管我们的大多数人文主义文学作品（以及它们所代表的文化）离我们很远，但我们在努力欣赏和理解它们的过程中，还是能学到一些属于我们自己的东西。"

也就是说，生活在现代社会的我们对发生在远古时代的事情有了非常详细的了解之后，愿意花心思阅读这类先哲古籍，在此过程中我们会思考我们的祖先在怎样的时代里生活，在想什么，憎恶什么，尊重什么。这种阅读思考的过程是非常重要的。

11 个核心问题

哥伦比亚大学的课程从荷马的《荷马史诗》、希罗多德的《历史》，以及修昔底德的《伯罗奔尼撒战争史》中所描述的古希腊历史开始。接着，以柏拉图和亚里士多德的哲学思想为重点，学习发端于古希腊的文明、文化成果，及其与东方文明融合后产生的希腊主义文明。之后，哥伦比亚大学的课程还会按照时代发展的顺序，带领学生继续学习源自罗马帝国和犹太教（希伯来圣经）的罗马天主教（新约）、诞生于亚洲的伊斯兰教（可兰经），以及中世纪的文艺复兴、宗教改革、科学诞生、现代政治哲学和革命思想崛起等时代的代表性作品。

但是本书实在无法囊括所有内容，因此仅选取了其中的哲学这一领域，对其进行着重讲解。哲学也是一门内容庞杂的学科，本书介绍了其中最具代表性的作品。首先在前半部分追溯了古希腊黎明期到希腊主义文明的诞生这段历史，后半部分探讨从罗马帝国时代一直到 19 世纪的这段历史对人类社会产生了怎样的影响。虽然这些内容都只是人文科学中的一小部分，但也能充分窥见其精髓之处。

哥伦比亚大学的通识课程教师经常会向学生提出以下 11 个核心问题：

阶级和地位的差别是什么？为何会存在这种差别？

什么是自由人和非自由人（如女性、佣人、奴隶）？

什么是家庭管理和公共政治？这些特征是否随着公共社区类型的

变化而变化？

故事和修辞有什么力量，在历史上发挥了什么作用？

我们能参透真相吗？什么是认知，什么是思考？

人性是与生俱来的还是后天形成的？

性别差异是怎样的？性别中的哪部分是天生的，哪部分是后天形成的？

什么是正确、公正和有美德？它们是必要的还是多余的，是有用的还是无用的？

生活中的痛苦与挣扎、困难与失败，为人生带来的"善"的一面是什么样的？

什么是真理，什么是真实的存在？可以通过理性的力量看到不可见的东西和不存在的东西吗？

真理是通过理性感受或感知的东西吗？它是孕育在合作和友爱中，还是冲突和战争中？

在此强烈建议各位读者，在阅读本书时思考一下这 11 个问题。现阶段大家或许还难以理解这些问题，但相信读完本书后，你一定会找到各个问题的答案，这意味着你的精神境界已经上升了一个层级。

日本历史也受到了希腊主义文明的影响

其实，人文科学也曾在历史上给日本带来了两次重大转折。

第一次是在 16 世纪后半叶的战国时代。当时西欧社会正值地理大发现的大航海时代。其中最具权势的国家是葡萄牙和西班牙，他们甚至计划将世界分成两半，葡萄牙占据东半部，西班牙占据西半部。按照这个计划，被归入东半部的日本便不断有葡萄牙传教士前来活动。

当时的日本人惊讶于先进的西方文明，于是引进了第一批西方枪支，还有其他一些商品，比如钟表、眼镜、以及风琴之类的乐器。除神学外，日本还引入了其他学科知识，如哲学、医学、数学、天文学和航海技术等。

主导西方文明传入日本的，是耶稣会（由教徒组成的基督教会）。在基督教神学思想的内核中，就蕴含着希腊文明里的哲学思想。16 世纪距离 12 世纪的文艺复兴运动已经过去了几百年，这意味着让当时的日本人倍感新奇的西方文明，其实是经过了几百年高度进化的希腊主义文明。

第二次重大转折，是 19 世纪后半叶，明治维新以来的文明开化浪潮。虽然这次转折由于后期德川幕府推行的锁国政策，势头大大受挫，但催生了明治以后，也许是日本史上最激烈的一场文明的变革。在社会和文化的各个领域以及政治和经济结构中大胆采用"西洋式文明"，若追根溯源，就会发现所有文明其实都源自希腊主义文明。

苏格拉底和松下幸之助的共同点

那么，无论是时间上还是地理上都相距甚远的希腊文明，为何能被近世、近代的日本全盘吸收呢？我认为，这是因为希腊文明正是基于人类的普遍价值观，如正义、美德、幸福与爱而形成的思想。

实际上，有不少日本人或许并没有学习过希腊主义思想，但他们总结并实践了不逊色于苏格拉底、柏拉图和亚里士多德的令人钦佩的哲学思想。其中最具代表性的人物是松下电器的创始人——松下幸之助。

这位有着"经营之神"之称的伟大企业家，无疑是 20 世纪日本经济发展背后的关键人物之一。他坐拥亿万财富，却从不自负，无论是个人魅力还是思想境界，都达到了世界级的高度，受到了日本国民的尊敬。

松下幸之助的管理哲学至今仍熠熠生辉，实际上，其思想也和苏格拉底、柏拉图、亚里士多德有着共通之处。在我看来，他们的哲学思想几乎同根同源。

例如，松下指出，一家公司有多个利益相关者，包括供应商、客户、股东、银行和当地社区。针对这种关系，他有如下论述：

"通过牺牲这些利益相关者的利益来谋取自身发展，最后只能自食其果，我们绝不容许这种做法的存在。要认识到企业和所有相关者都是共存共荣的关系，这一点很重要，同时这也是谋求企业长远发展的唯一途径。"

他还提到了我们作为个体该如何在社会中自处：

"一味谋求将自家的店做大，只靠自己奋斗，我认为抱有这种想法未免显得过于弱小。当然，这确实是其中的一部分，但重点应该是把目光放得更长远一些，比如树立起和社会共同发展，或者为了社会更美好等观念，这样一来，自己就成了推动社会发展的一分子。通过这种做法，我的事业观和人生观发生了转变。

"树立了这种观念后，一直以来倍感辛苦的事，竟一点都不觉得累了。那些原本觉得辛苦的事，自然而然变成了工作的乐趣。"（以上言

论均引自 PHP 研究所编的《松下幸之助的 365 句成功名言》）

明确地讲，苏格拉底、柏拉图和亚里士多德的思想核心，也可以说是一种极致的经营管理理论。

本书最想介绍的正是这部分。苏格拉底、柏拉图和亚里士多德时代的希腊，社会上到处充斥着"正义是强者的利益"这种思想。但是这些先哲却主张"我们尊重的应当是正义和美德本身，而巩固这种认识应该是国家管理的基本原则"。

这番言论距今已经 2400 多年了，先哲的思想最终与基督教合为一体，成了神的言论。此外，近代政治哲学中"追求幸福的权利"这一思想也被发达的自由国度写入了宪法，并成为宪法的根本原则。

哲学并非仅仅是哲学，历史也并非仅仅是历史，将其进行有机组合，让学生学习何为人、该如何生存等更为本源的、普遍的问题，这正是美国通识课程的特色。其目的就是培养出无论身在世界何处，面临怎样的政治体制或工作环境，都能发挥出自身才能的人。接下来，本书将对通识课程的概要进行介绍。

第1章

黎明期的希腊
——人文科学的生长土壤

吟游诗人笔下的古希腊历史

如序章所述，所谓的文艺复兴，就是学习古希腊的文明。罗马天主教和西欧正是在这个基础上形成并发展起来的。特别是在西方哲学的领域，古希腊的柏拉图及其弟子亚里士多德堪称西方哲学的鼻祖和奠基人。这两位先哲的主要代表著作《理想国》《尼各马可伦理学》《政治学》等至今仍然被广为传颂，而这些古典著作也被视为人文科学的起源。

在介绍这部分内容之前，我们需要先了解一下当时的时代背景，以及他们是抱着怎样的想法来阐述各自的主张的。因此，本章总体上概述了希腊的起源、希腊文明的兴衰、希腊人的气质，以及欧亚冲突的起源等方面内容。

以上内容距今已经过去了3000多年，所以有许多地方并不十分确切。我们能够在某种程度上了解这些历史，得益于各个时代的众多吟游诗人将其以史诗的形式编成故事并吟唱出来，使其流传于后世。继承这种传统方式的主要人物就是荷马，他在《伊利亚特》和《奥德赛》这两部宏大的史诗中，详细记录了欧洲和亚洲的首次冲突——特洛伊战争。

换言之，希腊社会原本就具有十分浓厚的重视自由和魄力的社会风气，这为希腊的诗歌和故事文化提供了良好的环境。当时诞生了流传在人类史上的优秀作品，正是因为这些作品，我们才得以了解当时的社会状况，对此我们心怀感恩，同时也应时刻铭记于心。

互相争夺富饶之地的年代

公元前3000年到前2000年左右，当四大文明古国蓬勃发展的时候，希腊和欧洲其他国家仍是一片蛮荒之地，大一统的国家尚未形成，国土内部和周边岛屿上散居着各种各样的民族。

当时的人们过着族群生活，并未定居下来。他们一旦被更强的族群攻击，就会放弃目前居住的土地，迁往另一个地方。人们也不需要积累财富，只要土地和粮食能满足日常生活所需，他们就能轻易地搬到另一个地方。在这种生活状态下，并不需要建设一个强大的城市，也不需要发展贸易。

位于希腊中部的色萨利和南部的伯罗奔尼撒半岛，社会更替尤为剧烈，这两处是闻名至今的肥沃的粮食种植区。社会动荡的原因也很明显，由于这里土地肥沃，生产的粮食会产生盈余，为了争夺这部分富余的产品，族群内部产生了争端，而这也给整个地区带来了毁灭性的打击。这种内部纷争给其他族群的入侵提供了可乘之机，入侵者玩弄阴谋诡计，将原住民赶出了这片土地。这段时期，攻防之争反复在这片土地上演。

一方面，爱琴海周围散落着众多小岛，每座小岛上都有生活在这里的原住民，但他们几乎都是海盗，为了谋生，他们不断地攻击内陆的部落来掠夺粮食。据说内陆居民惧怕海盗的入侵，便尽可能地将家建在高处，并且随身佩戴刀剑来保护自己。可以想象，那时的海盗对内陆居民的攻击和掠夺是何等的频繁且残忍。

就是在这样混乱的海洋民族争端中，位于南方克里特岛上的米诺斯国王登上了历史舞台。

欧洲的开端——克里特岛

公元前 2000 年左右，发源于克里特岛的希腊开始登上世界历史舞台。

据说，位于黎巴嫩地中海沿岸的腓尼基地区的泰尔这座城市里，有一位公主，名叫欧罗巴。全能神宙斯初次与她相见时变成了公牛的模样，将她带去了克里特岛。从此之后，腓尼基以西的地区，就被命名为欧洲。"欧洲"正是来源于"欧罗巴"这个名字。希腊的起源也即欧洲的起源。

宙斯和欧罗巴的孩子，就是米诺斯王。他组建了一支强大的海军，相继征服了地中海各座岛屿，并建立了殖民地。由此，海上交通兴盛起来，商品贸易日益繁荣，积累了大量财富。于是，富人越来越富有，贫富差距逐渐拉大，形成了富人支配穷人的社会秩序。

随着财富的不断积累，一种先进的文明产生了，这种文明一直兴盛到公元前 1500 年左右。人们借由米诺斯王的名字，将这种文明命名为米诺斯文明，而在克里特岛上建造的宏伟壮丽的克诺索斯宫殿就是这种文明的象征。这座宫殿是米诺斯国王的所在地，宫殿内部不仅装饰着色彩绚丽的壁画，还有结构复杂的储藏室等，可谓极尽奢华。另一方面，宫殿周围并未修建用来抵御敌人入侵的城墙，由此可以看出当时的社会生活富足而和平。

米诺斯文明也对地中海周围地区产生了影响。希腊本国及其东南部的基克拉泽斯群岛，东南部靠近土耳其的多德卡尼斯群岛，以及塞浦路斯岛、叙利亚、巴勒斯坦、埃及等地区，都遍布着米诺斯文明留下的历史印记，甚至出现了模仿克诺索斯宫的别墅。

之后，伯罗奔尼撒半岛北部阿尔戈斯地区的迈锡尼兴起了一种新的文明，并取代了米诺斯文明的霸权地位，这就是迈锡尼文明。迈锡尼文明的主导者是希腊本土的一个民族——亚该亚人。和米诺斯文明的发展路径一样，亚该亚人也是先经由地中海的海上贸易积累财富，逐渐将势力扩张到希腊雅典的周边地区，并通过与克里特岛的交流互通，引进了艺术等人文科学知识，从而创造出了迈锡尼文明。最终，亚该亚人向克里特岛发起进攻，摧毁了米诺斯文明。

忒修斯王是迈锡尼文明的一个象征性人物。据说他是军队的一位英雄领袖，也是雅典的建设者。与以女王欧罗巴为象征的米诺斯文明相比，这两种文明的差异，从其代表性建筑上可见一斑。

米诺斯文明的建筑较为女性化，造型柔美优雅，而迈锡尼文明的建筑则具有明显的男性化特质，给人一种豪放粗犷的印象。其中最具代表性的就是建筑周围用巨石搭建的城墙，起到威慑外敌的作用，这与一派祥和的米诺斯文明有着明显的不同。

那么，从米诺斯文明到迈锡尼文明，中间发生了怎样的历史更替呢？其中的因果细节世人不得而知，但希腊人以一种新奇而怪诞的手法将这段历史编成了诗歌和故事，增添了趣味性。正是通过这些流传至今的诗歌和故事，我们才得以大致了解远古时期发生的事。

针对这段文明更替的历史，有一个关于弥诺陶洛斯（人身牛头怪物）的故事。下面介绍一下这个故事的内容概要。

图表[1]1-1　从克里特文明到希腊文明世界建立的重大事件

年份	希腊	事件
约 BC 1600	（平和的海洋文明）	米诺斯文明（克里特文明）蓬勃发展
约 BC 1400	（战乱的文明）	迈锡尼文明蓬勃发展
约 BC 1250	王政	特洛伊战争（※ 关于发生的时间，说法不一）
约 BC 750	贵族制	城邦开始形成，希腊殖民运动兴起
约 BC 621		成文法——德拉古法颁布
BC 594	财产政治	梭伦改革（根据其财产，将公民分为四个等级）
约 BC 560	僭主制	庇西特拉图统治下的僭主政治开始
BC 508	民主制	克利斯提尼改革（确立陶片放逐制）
BC 500		希波战争开始（持续到公元前 449 年的三次希腊远征）
约 BC 479		提洛同盟成立（雅典成为盟主）
BC 443		伯里克利成为雅典的领导者（雅典的全盛时期被称为伯里克利时代）
BC 431	众愚政治	伯罗奔尼撒战争开始（至 BC404）（雅典被斯巴达击败）
BC 371		城邦底比斯取得了希腊的霸权地位（进入城邦之间冲突不断的动荡时期）
BC 338		喀罗尼亚战役（马其顿击败了雅典和底比斯联军）
BC 336		亚历山大三世成为马其顿国王
BC 334		亚历山大大帝开始远征（击败波斯，为帝国奠定了基础）
BC 323		亚历山大大帝逝世（32 岁）（融合了古希腊文明和古东方文明的希腊文明诞生）

[1] 本书原文为日文，图表有较为复杂的情况，且规范与中文有所不同。为保留图表风格，中文译本保留了图表原样式，不区分图与表。——编者注

怪物弥诺陶洛斯的故事昭示着米诺斯文明的终结

继承王位的米诺斯向海神波塞冬祈祷，请他从海中派出一头公牛以示神谕。波塞冬要求将公牛奉为供品，并以此为条件答应了米诺斯的请求。

然而，米诺斯国王发现这头公牛仪表堂堂，实在不忍杀害，于是换了另一头牛作为供品。得知此事后，波塞冬大发雷霆，为了报复，他诅咒米诺斯的王妃帕西法厄与公牛相恋。无法控制感情的帕西法厄去向享有盛名的建筑家、工匠代达罗斯请教，代达罗斯用木头为她制作了一头空心母牛，让她可以藏在里面与公牛交媾。

时隔不久，帕西法厄受孕了，后来诞下了弥诺陶洛斯——一个牛头人身的怪物。随着逐渐长大，弥诺陶洛斯的性情也愈加残暴，束手无策的米诺斯请代达罗斯建造了克诺索斯迷宫，把怪物儿子关在里面，并且每9年献祭7对童男童女，供弥诺陶洛斯食用。

当时，被强制要求献出这14个人的正是米诺斯国王治下的雅典，而雅典城邦的创建者——英雄忒修斯对此颇为不满，他不顾父王埃勾斯的劝阻，假扮成被献祭的14个人之一，乘船进入克里特岛，最终成功消灭了弥诺陶洛斯。

此前，为了表达对被献祭的14个童男童女的哀思以及内心的恐惧，雅典人每次都会在他们乘坐的船上挂上黑帆。但忒修斯和人们约定，如果成功地制服了弥诺陶洛斯，他回来的时候就会将黑帆换成白帆。

据说关押弥诺陶洛斯的克诺索斯迷宫是代达罗斯亲手建造的，根本无法轻易逃脱，但幸运的是，忒修斯得到了米诺斯王的女儿阿里阿德涅的帮助。阿里阿德涅本就对忒修斯有爱恋之心，在他进入迷宫之际，悄悄把红色的线团和一把匕首交给了他。忒修斯把线团的一头系在迷宫入口的大门上，然后一边解开线团，一边向迷宫深处走去，以便标记自己走过的路。终于，忒修斯在迷宫深处发现了弥诺陶洛斯，并用匕首杀死了这个怪物。忒修斯和阿里阿德涅成功摆脱了米诺斯王的追捕，两人订下婚约，一起逃离了克里特岛。

但是，悲剧随之而来，忒修斯完全忘记了将黑帆换成白帆的约定，所以返回时船上还是挂着黑帆。父王埃勾斯看到黑帆后，误以为忒修斯被弥诺陶洛斯所杀，于是在悲痛绝望中跳入大海，结束了生命。后人便以雅典埃勾斯国王的名字，将这片海命名为爱琴海。

米诺斯－迈锡尼文明时期就已经存在文字

上述故事原本不是用书面形式记录下来的。在米诺斯文明和迈锡尼文明的时代，文字尚未向社会大众普及，这些历史故事通过人们口口相传，才得以流传后世。由此可见当时的人们有多么钟爱故事这种形式。

但是，当时社会上的确存在文字。公元前 18 世纪到前 15 世纪的克里特文明时期，使用的文字被称为"线形文字 A"；而公元前 16 世纪到前 13 世纪的迈锡尼文明时期，使用的文字则被称为"线形文字 B"。

这两种文字都是在泥版残片上被发现的。线形文字 A 仅散落在克里特岛及其周边岛屿，加之发现的文字数量少，至今尚未被破译。而在克里特岛和希腊本土的众多地区，则发现了大量的线形文字 B。20世纪以来，线形文字 B 的破译工作进展迅速。

这两种文字都是从左往右读的表意文字，主要由象形符号、数字和单位符号构成，也被称为"迈锡尼希腊语"。当时的社会阶级构造虽不像埃及和美索不达米亚那样完善，但也已经出现了要求平民上贡农产品和家畜的制度。当时的这种社会现象也用文字的形式记录了下来，主要包括写有人名、职业的账簿，以及上贡物品的清单。这可能是为了记录对当时的社会经济发展具有重要作用的资产。

但是数百年后，这种书写文化逐渐在社会上消亡。

从迈锡尼文明兴起到特洛伊战争

迈锡尼文明取代米诺斯文明后，通过不断扩大贸易，在地中海地区形成了强大的影响力。但利益的交叉与碰撞使其与爱琴海东侧的小亚细亚地区（位于今土耳其安纳托利亚半岛）爆发了冲突。

这场冲突于公元前13世纪发展成了著名的特洛伊战争。战场位于传说中的城市——小亚细亚的特洛伊。双方深陷战争泥潭长达10年之久。纵观世界史，欧洲和亚洲之间反反复复爆发了多次战乱，而特洛伊战争可以说是欧亚的首次战争。

就像记录弥诺陶洛斯的故事一样，希腊人也将这场战争编成了怪诞有趣的故事，经过口口相传，一直流传到了后世。历经数百年的时间后，吟游诗人荷马将诸神和英雄们创造的一帧帧波澜壮阔的历史画卷，编入了《伊利亚特》这部宏伟著作中。而"伊利亚特"正是"特洛伊"的别称。

《荷马的伊利亚特物语》（Picard，Barbara Leonie 著，岩波少年文库出版）的译者高山一郎在这本书的后记中写道："从公元前 1400 年开始，希腊和特洛伊之间争夺海洋霸权的竞争日益激烈。在此之前，特洛伊及其盟友在普里阿摩斯国王的领导下，垄断了黑海的金、银、铁、朱砂、船舶材料、亚麻布和麻的贸易，并获得了巨大的利润。此时正处于阿伽门农国王领导下的希腊人联合起来反对他们，并要求希腊船只获得在赫勒斯滂海峡的通航权，这成为战争爆发的导火索。最终，特洛伊城堡被攻陷，希腊人沿着黑海贸易路线，建立了一系列物产富饶的殖民地，据说当时最大的海军强国雅典买断了黑海地区的低价粮食，并从中获得了巨大利润。"（参考 Robert Grave 的《希腊神话》）

赫勒斯滂海峡就是如今的达达尼尔海峡，连接着爱琴海和土耳其西北部的马尔马拉海。马尔马拉海的北部是博斯普鲁斯海峡，又与黑海相连，也是亚洲和欧洲的分界线。对希腊来说，得到在赫勒斯滂海峡的通航权，就意味着能在黑海贸易中获得巨大利润。反之，对特洛伊人来说，若允许希腊船只通行，他们就会失去在黑海的垄断地位。特洛伊战争就是这样一场争夺航海权和制海权的战争。那么《伊利亚特》是一个怎样的故事呢？以下将进行概述。

《伊利亚特》中描绘的是战争末期关于愤怒的故事

《伊利亚特》中出场人物众多，情节繁杂，其中两个主要人物是迈锡尼国王阿伽门农和普提亚国的王子——迈锡尼的英雄阿喀琉斯。阿伽门农被塑造成性情粗暴、傲慢的人，而阿喀琉斯则相反，是一个诚实正义的人。正是由于这种极端反差的刻画，这个故事才得以成立，而贯穿其始终的主题就是阿喀琉斯的愤怒。

十万希腊联军在阿伽门农的带领下，在特洛伊附近登陆并安营扎寨。由于特洛伊人身处坚固的城墙内，双方互不相让，僵持不下。战争持续了九年，双方都遭受了严重伤亡，军队中开始蔓延厌战情绪。

作品以这段著名诗句开头：

"女神啊，唱出佩琉斯之子阿喀琉斯的愤怒吧，他给亚该亚人带来了无尽的苦难，他把许多英雄的英勇灵魂投向冥界之王，又让他们的尸体被成群的野狗和鸟儿吞噬。宙斯的神意实现了，但从一开始，当国王阿特柔斯的儿子阿伽门农和勇将阿喀琉斯分道扬镳的时候，就让故事讲下去，让歌声唱下去。"

有一天，太阳神阿波罗的祭司克里西斯的女儿被抓去做了阿伽门农的妾室。阿波罗听到克里西斯的控诉后，便设法让希腊军营中暴发了一场瘟疫。阿喀琉斯想要救出克里西斯的女儿，平息阿波罗的怒火。然而，这激怒了阿伽门农，他抢走了阿喀琉斯的爱妾布里塞伊斯，将她据为己有。于是，阿喀琉斯也愤怒了，他离开了阿伽门农的军队，退出了战斗。失去英雄的希腊军队很快被特洛伊军队压制，陷入了困境。最终，和阿喀琉斯从小一起长大的朋友帕特洛克罗斯在战斗中不幸身亡。

满腔悲愤的阿喀琉斯为了复仇，重新加入了希腊军队，并以极快的速度击退了特洛伊军队，最终在决斗中击败了特洛伊人的英雄、杀死帕特洛克罗斯的凶手——赫克托耳。

作为胜利的象征，赫克托耳的尸体被当众展出，这时，特洛伊国王、赫克托耳的父亲普里阿摩斯出场了。普里阿摩斯冒着生命危险，只身潜入希腊军营，出现在阿喀琉斯面前，恳求他归还儿子赫克托耳的遗体。这一幕是《伊利亚特》的高潮。普里阿摩斯跪在阿喀琉斯的脚边，抓着他的手含泪恳求：

"求你了，求求你，怜悯一下我这个老人，这个不得不在杀死他好几个儿子的人面前弯腰下跪的老人。"（荷马《伊利亚特》）

已经准备好赴死的阿喀琉斯想起了正期待他归来的父亲，以及他死去的朋友帕特洛克罗斯，不禁对普里阿摩斯心生同情。阿喀琉斯同意了他的请求，仔细清洗了赫克托耳的遗体，将其交还给了普里阿摩斯。

《伊利亚特》的故事以赫克托耳在特洛伊宫殿的庄严葬礼结束。

但是特洛伊战争本身仍在进行中。战争的结束，以及随后发生的神奇冒险，正是荷马的另一部伟大作品《奥德赛》的主题。

战争结束后开始的 10 年冒险之旅——《奥德赛》

最终，阿喀琉斯阵亡，特洛伊战争再次陷入僵局。后来，希腊军队的名将奥德修斯打破了这一僵局，他在战争中设计了一个被称为"特洛伊木马"的作战方略。

奥德修斯造了一匹巨大的木马，将最精锐的兵力藏在里面送至前线，希腊军队的其他人则躲在暗处。特洛伊人以为希腊人已经撤退了，就把木马抬进城堡，以此作为胜利的标志，并举行了一场宴会。趁着特洛伊人喝得酩酊大醉之际，奥德修斯率领手下从木马中溜出来，打开了城堡的大门。此前一直埋伏在城外的希腊军队见状，一起冲了进来，一举击溃了特洛伊军队及市民力量，还杀死了在《伊利亚特》结尾出场的老国王普里阿摩斯。至此，持续了10年的特洛伊战争终于结束。希腊军队的将军阿伽门农也被他的妻子及其情夫所暗杀。

等到奥德修斯和希腊军队终于可以返回故乡的时候，又接连发生了各种各样的事情，导致他漂泊了10年之久才回去。

《奥德赛》所描写的就是这一段曲折离奇的故事。《奥德赛》是一部宏伟的史诗，由24首曲目组成，本书不能全部涵盖，但会介绍其内容概要。奥德修斯带领一支由12艘船组成的舰队从特洛伊起航，前往他位于希腊西海岸的家乡伊萨卡岛。然而，风向对他们不利，船只被吹到西南方向，穿过地中海，来到北非海岸的一个岛屿。从这里开始，在命运的捉弄下，他不得不在地中海各地辗转漂泊，就这样一直持续了10年之久。

故事分为三个主要部分，第一部分从第十年开始。在第一幕故事场景中，众神开会并决定是时候让奥德修斯返回故乡了。

与此同时，在伊萨卡，奥德修斯的妻子珀涅罗珀和儿子忒勒马科斯正焦急地等待着他回来，但这不仅仅是出于思念。奥德修斯早已离开了特洛伊，却一直没有回来，所以很多人都觊觎他留下的财产，多次向珀涅罗珀求婚。不管珀涅罗珀拒绝了多少次，他们还是不断地来到奥德修斯的家里，并举行聚会。为了赶走他们，忒勒马科斯在伊萨卡岛召开会议，发表演讲谴责他们的荒唐行径。然而，这些求婚者中也包括岛上一些最有权势的人，因而他的演讲并未赢得支持。

于是，他决定踏上旅途，去寻找奥德修斯的下落。他拜访了奥德修斯在特洛伊战争中的战友，试图寻找线索。结果，他从斯巴达国王那里得知，奥德修斯还活着，但海神卡吕普索爱上了他，把他困在了奥古吉亚岛（位于今马耳他西北部的戈佐岛）。这是故事的第一部分。

奥德修斯直到第二部分才出场。漂流三天后，奥德修斯到达了费阿克斯人的家园——斯凯利亚岛（位于今希腊西海岸爱奥尼亚岛北端的克基拉岛），并被公主瑙西卡亚救起。

他受到了公主的父亲阿尔基诺斯国王的欢迎，并与费阿克斯人成为好友。在那里，奥德修斯向他们讲述了自己过去 10 年间经历的冒险故事。

到了第三部分，在费阿克斯人的帮助下，奥德修斯终于回到了家乡伊萨卡。忒勒马科斯从斯巴达回来与他团聚，父子二人联合击退了众多求婚者。

在没有文字的时代，故事为什么能流传下来？

关于特洛伊战争的故事并非只有《伊利亚特》和《奥德赛》。包括这两部在内，总共有八部史诗讲述了这个故事，被称为"叙事诗之环"。

然而，正如亚里士多德所指出的，荷马的这两部史诗在质量上是很突出的，其他六部都是这两部的补充。

其中第一部是《塞浦里亚》，讲述了特洛伊战争爆发的经过。接着是《伊利亚特》。然后是《埃塞俄比》，其中描写了英雄阿喀琉斯被箭射死的场景。

第四部《小伊利亚特》讲述了诸神赐予已故的阿喀琉斯盔甲的故事。奥德修斯和另一位希腊战士大埃阿斯为争夺盔甲而战，奥德修斯在战斗中获胜。大埃阿斯被激怒了，转而刺杀奥德修斯及其战友们，但他最终清醒过来，自杀了。

之后，在《攻陷伊洛斯》章节，讲述了特洛伊木马导致特洛伊被攻陷的故事。在《归国谈》中，描述了除奥德修斯之外的其他希腊将军的命运。其中还包括阿伽门农被他妻子及其情人谋杀的故事。

从这里开始，故事情节和《奥德赛》联系起来。《奥德赛》的故事以《忒勒戈诺斯》结尾。这是一个关于奥德修斯和一个巫师所生的孩子的故事，这个孩子意外地杀死了奥德修斯。但由于与《奥德赛》存在矛盾之处，这个故事也受到了诸多批评。

无论如何，这些作品都产生于一个没有文字的时代。迈锡尼线形文字 B 的文化已经随着该文明的消失而被遗忘。但它们通过诗歌，即通过记忆和口述的传统形式传承于后世，并成为伟大文化遗产的一部分，这是值得钦佩的。《伊利亚特》和《奥德赛》（岩波文库出版）的译者松平千秋在评论《伊利亚特》时指出，除了与特洛伊战争有关的作品，还有其他一些由多部作品组成的"叙事诗之环"。

那么，吟诗对那个时代的人们意味着什么？事实上，在《奥德赛》中，有几个场景是吟游诗人作为叙述者出现的，根据松平千秋的说法，我们可以从中看到当时的吟游文化。吟诗就像是宴会和大型节庆活动上的一种娱乐形式。被称为"Aoidos"（歌手）的演奏者演奏"福尔明克斯"这种原始的竖琴，据说这是最早的吟诗形式。

随着时间的推移，出现了一群被称为"史诗吟诵者"的表演者。他们用棍杖（rhabdos）代替了竖琴，这种棍杖就像现代日本说书人或落语家（单口相声演员）使用的扇子或手帕一样，是一种表演道具。换言之，诗歌不再是唱出来的，而逐渐变为讲述出来的。总之，它发展成为一种娱乐性的艺术形式，并深受人们的喜爱。

吟诗的特点是用比喻来描述场景，并在叙述中使用枕词和韵律等语言技巧。根据表演者的表现力，来对其进行评价。换言之，很多故事都是由无数吟游诗人花费很长时间创作和完善的。荷马正是继承了这些故事，并凭借自身非凡的写作和表达能力，将其变成了一部伟大的作品。

换言之，正是吟游诗人们的智慧结晶，使距今 3000 年的故事以文字的形式记录下来并成为文学作品，从而在世界范围内广泛传播，经久不衰。如果它们从一开始就有文字记录，也许就不会取得后来的一系列成就了。

从"黑暗时代"到"古风时代"

如前所述，特洛伊战争可以追溯至公元前 13 世纪，而荷马生活在公元前 8 世纪，中间相隔了四五百年时间。在这段时间里，希腊发生了什么并不为人所知。似乎每个地区都形成了各自的城邦，但是战争连年不断，这也导致如今能够找到的历史资料极其稀少。这一时期被称为"黑暗时代"。

但那之后，希腊发生了巨大的变化。正如本文开头提到的，在古希腊，人们竞相争夺肥沃的土地，战败者被迫迁往其他地方居住。特洛伊战争之后，情况似乎依然如此。相反，土壤贫瘠的地区一片平静。现在的希腊首都雅典在当时就是一个典型的例子，那里自古以来很少发生战乱，因而希腊各地和其他地方的流离失所的难民纷纷前去定居，其中也包括许多王室和贵族。

雅典当地人不仅保护他们，还将其纳入市民的行列。结果，城邦人口大增，雅典已无法再容纳如此庞大的人口数量，于是，他们在地中海各地建立了殖民城市，甚至延伸到了位于爱琴海对面的、今天的土耳其海岸的爱奥尼亚地区。他们还发展了海上贸易，并从中获得了大量财富。

这个迁徙的故事与我们已经提到的奥德修斯的10年冒险之旅相呼应。当时的希腊人乐于用奥德修斯的故事来体现殖民新地区的艰辛和焦虑。

图表 1-2　腓尼基人和希腊人的殖民活动

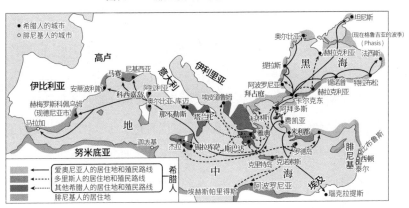

与此相反的是位于伯罗奔尼撒半岛的斯巴达，这是一片冲突不断的肥沃土地，最后，这种情况被来自北方的多里斯人所终结。他们带来了铁制的武器，用武力征服了其他民族，平定了整个半岛。

多里斯人的到来，让该地的原住民变成了国有奴隶（Heirotai）和被称为周边住民（Perioikoi）的半自由人，并安排他们从事耕作等劳动。这自然让当地的原住民十分不满，他们随时可能起来反抗。

然而，多里斯人的统治从未受到过威胁，原因就在于他们用战争思维来训练市民，以严格的军事纪律来磨炼市民的英勇意志。此外，富人和穷人都身着一致的服装，形成了一种高尚和节制的社会风气。这种训练方式和社会风气也造就了斯巴达在希腊首屈一指的军事强国地位。

雅典的殖民政策和斯巴达的军事力量给整个希腊带来了一段和平与稳定的时期。这段时期从公元前 8 世纪持续到前 5 世纪左右，也被称为"古风时代"。

第一届古代奥林匹克运动会象征着一个变革和扩张的时代

公元前 776 年在伯罗奔尼撒半岛西部城市奥林匹亚举办的第一届奥林匹克运动会，象征着变革和扩张时代的到来。举办运动会是为了制止希腊各城邦之间的纷争，并将这项体育运动献给最高的神——宙斯。从那时起，奥林匹克运动会每 4 年举办一次，并规定在此期间应暂停战争。

伴随着和平的到来，希腊的人口和财富不断增长。总共 30 多个城邦，每个都在地中海沿岸拥有几个殖民城市。用柏拉图的话说，这就是所谓的"让青蛙在地中海的池塘里繁殖"。

其中最强大的城邦是雅典和斯巴达，雅典甚至在爱琴海的大部分岛屿和希腊对岸的爱奥尼亚（今土耳其沿岸地区）地区开辟了殖民地，斯巴达的殖民城市则延伸到了现在的西西里岛和意大利半岛地区。

与此同时，许多地方出现了一个新的统治阶层，即"僭主"。以前，各个城邦都是由一个拥有一定权力的世袭国王来统治。后来，在共和政治的名义下，贵族阶层也掌握了一段时期的统治实权。再后来，一些人通过贸易和其他手段增强了经济实力，越来越多的市民变得比贵族还要富裕，其中便有人开始获得支持并试图夺取权力。这些人被称为僭主，他们压制贵族的合议制，开始行使专制独裁权力。

僭主的出现，不仅改变了政治制度，而且在军事上使重装步兵成为军队的核心力量。受古代东方（埃及和美索不达米亚）先进文明的影响，吕底亚王国（位于今土耳其西部）铸造了最早的货币，并在世界范围内流通。在艺术领域，从东方世界传来了巨型雕像文化，并出现了象征古希腊文明的红绘陶器。

希腊文字的发明

在古风时代的希腊，另一个重大进展是希腊文字的发明。

希腊文字与米诺斯－迈锡尼文明的A、B线形文字有着根本性的不同，它是在借用东方腓尼基字母来表记希腊语的过程中被发明出来的。

腓尼基字母表是腓尼基人发明的22种文字的集合，用于书写他们自己的语言。腓尼基人由于长期从事贸易，经济发展繁荣，并在地中海各地建立了殖民城市。公元前8世纪，在欧罗巴的传说中出现的推罗贸易港，是从地中海延伸到美索不达米亚和阿拉伯半岛的贸易网络的枢纽。除了贸易，他们还将自己的文字传播到各地。

腓尼基又称"迦南"。在《旧约》中，它以"流淌着奶与蜜之地"和"应许之地"之名而著称。

文字包括表意文字和表音文字两种类型。表意文字，即用单个文字表示意义；表音文字，即文字只表示发音。汉字是最典型的表意文字，而字母和日语中的平假名则是典型的表音文字。其中，表音文字也可进一步分为音节文字和音素文字。在音节文字中，一个字母表示一个发音（音节），典型的例子就是平假名，前文提到的线形文字B也属于音节文字。与此相对的音素文字，则是一个字母仅代表一个元音或辅音，字母组合起来才能表示一个音节。

腓尼基字母是一种音素文字，后来被欧洲和西亚的许多语言所采用，其中包括希腊语、阿拉伯语、阿拉米语和希伯来语。如今的大多数音素文字都来源于腓尼基字母。

腓尼基字母都是辅音，但在希腊语中，元音是不可缺少的。因此，人们将腓尼基字母"A""E""O""Y""I"等在希腊语发音中不必要的文字转换为代表元音的音素文字。这样，元音和辅音就都凑齐了。此后，以欧洲为中心的各地民族纷纷效仿希腊字母。

从此，拉丁字母，即所谓的罗马字母诞生了。这意味着如今的英语书写方式也起源于希腊字母，而"alphabet"（字母表）一词正是来源于希腊字母表的前两个字母"α"（阿尔法）和"β"（贝塔）。

散文形式写作的开始

希腊字母的发明推动了口头上的吟诗文化向书面的文字文化的

过渡。

正如前文所述，吟诗在希腊是一个颇受欢迎的娱乐项目。吟游诗人正是通过将各种故事改编成诗歌，来满足公众的需求。那些基于史实创作的诗歌被称为"叙事诗"，而赞美爱情和神的诗歌被称为"抒情诗"。

其中最有名的作品是古希腊吟游诗人荷马所著的史诗《伊利亚特》和《奥德赛》。由于这些作品极具代表性，人们自然不希望它们仅仅停留在口头形式上，于是用已经开始普及的文字将其记录下来。

根据松平千秋的说法，荷马的诗歌是在公元前 6 世纪末，奉当时雅典独裁者庇西特拉图之命，于雅典修订或编纂而成的，据说是为祭典中的一个节目准备的文本。因此，该作品又被称为"庇西特拉图的修订"。

以此为契机，荷马的作品开始以书面形式出现。也正是有了文字记录，这些作品才能被翻译成多种语言，我们才能在 2500 年后的今天阅读到它。

当然，以书面形式展现出来的不仅有荷马的作品，还有其他诗歌，以及散文形式的写作。正因如此，那个时代的作品可以摆脱韵律等修辞上的束缚，用更加自由的形式去表达。

于是，作品的内容逐渐受到重视。只有内容有理有据，作品才有流传下去的意义。同时，文字的使用也进一步催生了在作品中重视逻辑而非单纯抒发情感的表达习惯，而这也为哲学和历史等学科的诞生奠定了基础。

这一巨大变化在不久之后造就了雅典的历史学家希罗多德和修昔底德，以及哲学家柏拉图和亚里士多德。当然，这些伟人的出现并不仅仅得益于文字的发明，还因为看到国家饱经战争和悲剧之苦，他们抱有将这段历史记录并流传下去的使命感。

古风时期是希腊的发展和成长时期，但这种文明的扩张再次引起了希腊与文明繁荣的亚洲之间的摩擦。最终，在公元前 5 世纪末，亚洲大国阿契美尼德王朝波斯入侵了希腊，爆发了历史上著名的希波战争。由于这场战争，持续了大约 300 年的希腊古风时期得以终结。

希罗多德所著的《历史》被称为"人类最古老的历史书"，其中描述了这场战争的详细经过。这场战争共打了三次，持续了半个世纪。下一章将重点介绍这场战争。

第 2 章

从希罗多德的《历史》
了解欧洲起源

诞生希腊哲学的繁荣和众愚的故事

希腊历史学家希罗多德和修昔底德是研究古代史不容错过的两个人物，他们详细记录了对世界历史产生深远影响的两个重大事件。

第一个是发生在公元前 5 世纪的希波战争。当时，亚洲大国波斯帝国入侵了希腊世界，整个事件在希罗多德的宏伟著作《历史》中有详细记述。这部著作被认为是现存最完整的"人类最古老的历史书"。

第二个是发生在希波战争结束 20 年之际的伯罗奔尼撒战争，交战双方是希腊城邦雅典和斯巴达，这场战争持续了 27 年。修昔底德的巨著《伯罗奔尼撒战争史》详细记录了这场战争。

《历史》描述了希腊世界团结和民主的力量。正如上一章所述，古希腊被划分为多个城邦，每个城邦都由一个独裁僭主统治。然而，由于先进的异国文明波斯帝国的入侵，这些城邦逐渐团结起来。

尤其是在雅典，人们流放了专制独裁的僭主，建立了新的民主制度。他们用双手捍卫自己的土地，不仅迫使波斯帝国撤退，还确立了雅典在希腊世界的盟主地位。这次胜利被认为是西方文明的一个重大转折点。自由和平等的思想在《历史》中得到了生动的体现。

但后来，雅典的繁荣和强大导致其统领下的国家骄傲自满之心日益膨胀。在缺乏道德和理性领袖的情况下，国家陷入众愚的境地并逐渐衰退。这就是《伯罗奔尼撒战争史》所描写的主题。

这两位历史学家在著作中发问：什么是正义、善、美德？什么是国家？什么是政治？柏拉图和亚里士多德在哲学中寻求这些问题的答案。他们的著作，即他们思考的结果，塑造了后世的西方文明。考虑到这一点，就不难理解为什么我们今天需要回顾一场发生在 2500 年前的战争，并阅读其详细记录。

这不仅可以作为一种教育，即使单纯作为一个故事来品读也足够精彩。嫉妒、欲望、怨恨、自负以及其他无数的情绪推动着历史的进程。无论好坏，它都提醒着我们，今天的人和过去的人别无二致。

一部充满轶闻的"人类最古老的历史书"

在本章中，我们将首先介绍希罗多德的《历史》。

上一章介绍的荷马史诗《伊利亚特》和《奥德赛》描述了特洛伊战争，这是亚洲和欧洲世界之间的第一次重大冲突。而希罗多德的《历史》记录的希波战争，同样是亚洲和欧洲世界之间的冲突。

希罗多德出生于公元前 5 世纪初，正好是希波战争开始的时候。他出生在哈利卡纳苏斯，一个位于卡里亚（今安纳托利亚半岛沿岸）的希腊殖民地。希罗多德似乎从殖民者那里继承了一种敢于尝试新事物的精神。《历史》不是二手资料的汇编，而是包含了他在旅行中得到的大量信息和亲历的各种轶事。就像奥德修斯一样，他的足迹遍布各地。

因此，这部著作不仅是了解希腊，也是了解波斯、埃及、利比亚以及亚洲和非洲其他地区古代历史的珍贵信息来源。将每个故事作为一个趣闻来阅读也是非常有意思的，该书虽然被称为"人类最古老的历史书"，但并不带有与这一形象相关的晦涩感。

然而，这也是一部庞大的作品，被后来的学者们编成了九卷。最容易入手的日文版本是岩波文库版本（松平千秋译）。该书分为三卷（上、中、下），每卷都收录了原版的内容。

本书无法介绍这部作品的全部内容，但将以亚洲和欧洲之间的冲突为主线介绍其中的主要情节，从而帮助读者了解全部内容。

冲突始于对女人的掠夺

该书的前半部分主要介绍了后来与希腊世界对抗的阿契美尼德王朝波斯帝国的建立过程。

开篇首先解释了为什么亚洲和欧洲会发生冲突，同时提到了上一章中出现的欧罗巴的传说和特洛伊战争。

欧罗巴的传说讲述了全能神宙斯如何将腓尼基（今黎巴嫩）的公主欧罗巴带到克里特岛。从"欧罗巴"这个名字开始，希腊等亚洲以西的地区就被称为"欧洲"了。

然而，根据《历史》中的记载，这个故事暗藏伏笔。在此之前，腓尼基人曾经从伯罗奔尼撒半岛东部的一个城邦阿尔戈斯抢走了很多希腊女孩。腓尼基人一直擅长海上贸易，他们在埃及和亚述（今伊拉克北部）购买货物，然后售往其他地区。其中有一群人来到阿尔戈斯，挑选出各自喜欢的女孩并强行带到船上。阿尔戈斯国王的女儿伊欧便是受害者之一。希腊人要求腓尼基人送还被掳走的女孩，但没有得到回应。

一个来自克里特岛的希腊人对此感到非常愤怒，于是入侵了腓尼基的首都比布鲁斯，并绑架了国王的女儿。关于欧罗巴的传说就来源于这个事件。

希腊人还派船来到科尔基斯（今格鲁吉亚西部），并绑架了公主美狄亚。科尔基斯国王当然要求送还公主，但希腊人以伊欧事件为由拒绝了他的请求。

这场争端延续到了下一代。特洛伊国王普里阿摩斯的儿子帕里斯了解了整个事件，于是引诱了斯巴达王妃赫莲娜，使其成为自己的妻子。这一次，希腊人要求送还王妃，但帕里斯以"错在希腊人"为由拒绝了他们的请求。于是，希腊人组建大军入侵了特洛伊。这是特洛伊战争的开端。最终，特洛伊城（伊利亚特）在熊熊战火中陷落。

从希腊和欧洲的角度来看，亚洲是利用自身的发达文明来不断剥削和掠夺他者的劲敌。但从亚洲的角度来看，是希腊人先入侵进来的，所以自然对其抱有敌意。这场纠纷爆发的导火线是对女人的掠夺，并非国家层面的问题。这也是为什么亚洲会对欧洲怀有厌恶感。

富人克罗伊斯国王

古往今来，希腊和亚洲之间纷争不断，根据《历史》的记载，给希腊带来最大灾难的是吕底亚（安纳托利亚半岛西部，今土耳其）的第五任国王克罗伊斯。

克罗伊斯国王背负着失败的宿命。第一任国王坎道列斯在统治期间认为自己的王妃是世界上最美丽的女人。为了炫耀，他命令侍卫巨吉斯躲在他的房间里看王妃宽衣解带，巨吉斯顺从了国王的命令，但被王妃发现了。遭到羞辱的王妃大发雷霆,她的怒火不是指向巨吉斯,而是指向坎道列斯国王。她逼迫巨吉斯要么自杀,要么与她一起杀死国王。

最后,巨吉斯选择与王妃合伙杀死国王,并篡夺了王位。然而,因为民众纷纷抗议,巨吉斯决定将继任国王的问题交给德尔斐神谕。德尔斐位于希腊中部,是阿波罗神庙所在的圣地。希腊人习惯在做出重大政治决定之前来到这座神庙,通过女祭司之口接受神谕。巨吉斯越过吕底亚边界到达希腊后,也沿袭了这一惯例。

与民众的期望相反,女祭司同意了他承袭国王之位。然而,女祭司也告诉他,他将不得不面对五代之后的恶报。五代之后就是克罗伊斯国王在位时期,他于公元前560年登上了王位。

克罗伊斯先是找借口进攻了安纳托利亚西南部爱奥尼亚地区的希腊殖民地,然后将其纳入吕底亚领土,从而实现了对整个安纳托利亚半岛西部的统治,而首都萨拉迪则成为当时的世界财富中心。正是在这一时期,世界上第一枚金币——吕底亚金币被制造出来。

时至今日,希腊语和波斯语中的"克罗伊斯"依然是"富人"的意思。在英语中,熟语"rich as Croesus"或"richer than Croesus"也被用来形容富人。但正是这种巨额财富,成了后来希波战争的一大诱因。

此外,克罗伊斯给希腊带来的另一场灾难,就是允许波斯帝国扩张到安纳托利亚半岛西部,这对希腊造成了更为深远的影响。

克罗伊斯国王和智者梭伦的对话

在《历史》中,有一段关于克罗伊斯的趣事,讲的是希腊的一位智者梭伦在出访吕底亚王国时与他的对话。

梭伦是雅典民主的领军人物，曾经进行了长达 10 年的游历。为了分析亚洲各地区的情况，他也对吕底亚进行了访问。

克罗伊斯为了表达对这位智者的欢迎，带他参观了储藏珍宝的仓库，并借此炫耀自己的财富。

他说："我的雅典客人，关于您的传闻，在这片土地上如雷贯耳。我们听说了您的睿智，还听说您为了探寻知识而在世界各地游历。所以我想问您，您是否遇到过世界上最幸福的人？"（《历史》，岩波文库，下同）

简而言之，克罗伊斯想让梭伦承认他才是世界上最幸福的人。然而，梭伦没有表现出半点献媚之态，而是回答道："国王啊，我知道雅典的泰罗斯是世界上最幸福的人。"

泰罗斯出生在一个富裕的家庭，有很多孩子，但他在与邻国的战争中拯救了同伴，牺牲了自己。为了纪念泰罗斯的壮举，国家出资为他举办了葬礼。

克罗伊斯对这个回答非常不满，接着问道："谁是世界上第二幸福的人？"梭伦回答道："是出生于阿尔戈斯的克利奥比斯和比顿兄弟。"阿尔戈斯是伯罗奔尼撒半岛东北部的一个城市。兄弟俩没有牛，便用自己的双手拉着车，带着他们的母亲去参加最高女神赫拉的祭典。兄弟俩当天晚上就累死了，但他们的孝心得到了参加祭典的民众的赞扬。阿尔戈斯的人称他们为"世界上最杰出的人"，为他们制作了一座雕像，并将其献给了德尔斐。

梭伦将克罗伊斯与普通人做对比，还认为他不如普通人，这让克罗伊斯更加恼火。梭伦见状，继续说道："我很清楚，神有很强的嫉妒心，喜欢惹恼人。在漫长的时间里，人不得不看到许多他不想看到的东西，遇到许多他不想遇到的事……无论一个人多么富有，除非他有幸在生命终结之前万事顺遂，否则他就不可能比活着的人更幸福。有很多人腰缠万贯，但不快乐，也有很多人虽然没有财富，但拥有福气……在我们死之前，我们应该说自己是幸运的，但不要说自己是幸福的。有许多人被上帝赐予幸福，然而随即坠入深渊。"

克罗伊斯非常生气，毫不犹豫地把梭伦赶出了国家。这个故事似乎也反映了希罗多德的人生观。

克罗伊斯的命运正如梭伦所说的那样，不幸接连降临。首先，即将举办婚礼的儿子在一次意外事故中丧生，他在悲痛中度过了两年时间，此后又迎来了与波斯帝国的战争。

亚洲进入四国分立时代

接下来，我向大家介绍一下波斯帝国的崛起以及称霸亚洲的经过。

从公元前 8 世纪开始，亚述人长期统治着亚洲。他们甚至征服了埃及，统治了整个东方世界。然而，各地的叛乱和纷争不断，其首都尼尼微（尼诺斯）在公元前 612 年陷落，米底王国在其中发挥了关键作用。

这个过程有点复杂。米底王国是由米底人建立的，其势力范围从伊朗高原的东部扩大到西北部，并控制了同样位于伊朗高原的波斯。米底人在亚述衰弱之际，将势力向西扩展到与吕底亚的边界地区，在将其领土扩展到亚洲各地后，对尼尼微发起了围攻。

与此同时，一支由游牧民族斯基泰人组成的大军从北方的黑海进攻，击败了米底军队。最终，斯基泰人成为整个亚洲的统治者。

　　然而，斯基泰人虽然擅长武力，却行为粗暴，并不适合统领国家。全国各地的不满情绪自然日益高涨，而米底军队的反击则进一步助长了这种情绪，随后引发了驱逐斯基泰人的浪潮，使其 28 年的统治生涯随即终止。之后，斯基泰人与领土覆盖美索不达米亚河流域的新巴比伦王国联手攻陷了尼尼微，从而消灭了亚述。

图表 2-1　四个王国分立的时代

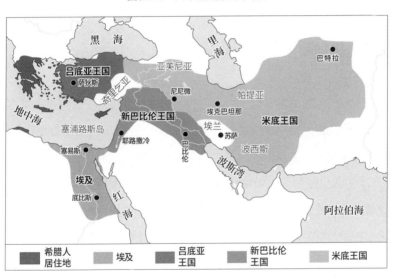

　　从此，亚洲被分为四个王国，即原本就存在的埃及、新巴比伦王国、吕底亚王国和米底王国。

　　然而，四个王国的特质却截然不同。埃及是一个拥有数千年文化土壤的文明大国，新巴比伦王国也是一个历史悠久、国力繁盛的国家。吕底亚王国则是通过贸易而繁荣起来的相对新兴的国家，拥有约500年的王朝历史。

而米底王国则是一个完全的新兴势力。它原本是游牧民族，来自亚洲之外的东方高原，虽有广阔领土，但没有财富积累。然而正因如此，他们才没有受到其他国家的攻击，从而能够逐步建立起自己的力量。最终，他们统治了波斯人，而后随着自身力量的崛起，波斯人成为历史上的重要角色。

波斯帝国阿契美尼德王朝的诞生

米底王国发展繁荣蓬勃，但两代之后就逐渐衰落了。正是在第二任国王阿斯提阿格斯统治时期，他的外孙居鲁士毁灭了这个国家。居鲁士后来建立了波斯帝国，并成为其第一任国王，即居鲁士二世。

阿斯提阿格斯有一个女儿叫曼丹。有一天，他做了一个梦，梦见曼丹撒尿，淹没了整个亚洲。在与一个叫巫师的波斯牧师讨论后，他决定将曼丹嫁给一个波斯人。他认为，如果她与一个有名望的米底人结婚，将对他未来的生存构成威胁。

于是，曼丹嫁给了一个叫冈比西的波斯人，他们所生的孩子就是居鲁士。在居鲁士出生之前，阿斯提阿格斯又做了一个梦。这一次，一根葡萄藤蔓从曼丹的外阴部长出来，覆盖了整个亚洲。他再次咨询了巫师，巫师告诉他，即将出生的孩子以后会推翻阿斯提阿格斯的统治，成为新一任国王。

因此，阿斯提阿格斯决定立即杀死这个孩子。他把受孕的曼丹从波斯叫回来，对她进行严格控制，并在她生产后，把孩子托付给他的手下哈帕戈斯，并命令道："把他带到你家里杀了他，尸体随你处置。"

哈帕戈斯按照命令把孩子带回了家，但犹豫要不要杀他。如果杀了他，肯定会招致曼丹的记恨；而如果不杀他，就会被阿斯提阿格斯国王判刑。因此，他没有亲自动手，而是委托给一个叫米特拉达斯的牧牛人。

他告诉牧牛人米特拉达斯："阿斯提阿格斯国王想让这个孩子尽快死去，命令你把他扔在山上最隐蔽的地方。"

米特拉达斯见这个孩子衣着华贵，马上意识到他出身于贵族家庭。当时，他的妻子斯帕科刚生下了一个死胎，失去孩子的悲痛以及对眼前这个孩子的同情交织在一起，于是他们决定不抛弃孩子，而是把他带大。

为了掩人耳目，他们决定将自己的孩子遗弃在山上。顺便说一下，在米底语中，"斯帕科"有狗的意思。因此，在另一种传说中，居鲁士是由一只母狗抚养长大的。

但当这个男孩长到10岁时，秘密被发现了。孩子们在一次玩耍中发生了打斗，一个贵族的孩子被打了。阿斯提阿格斯国王听说了这件事，为了树立贵族的威严，就叫来了那个打人的男孩。有人告诉国王，他是一个贫穷的牧牛人的儿子，可结果却发现他正是10年前国王命令哈帕戈斯杀死的曼丹儿子。阿斯提阿格斯国王既惊讶又愤怒，他严厉惩罚了哈帕戈斯，并秘密地杀死了他的孩子，还举行了一场盛宴，在宴会上给哈帕戈斯呈上了他孩子的肉。

另一方面，得知孩子还活着，曼丹和冈比西夫妇喜极而泣。他们立即将孩子接回身边，想要亲自抚养。这个孩子就是居鲁士，他长大后成了波斯的一位伟大人物。

一直在等待时机的哈帕戈斯打算向阿斯提阿格斯国王报仇雪恨。他在国内招募了一些同样反对国王的人，并写信给身在波斯的居鲁士，敦促他组建军队。

"现在是你向阿斯提阿格斯国王复仇的时候了，因为他曾一心谋害你。现在是波斯人站起来的时候了。"

作为响应，居鲁士开始向米底进军。按照哈帕戈斯的计划，米底的军队相继叛变。由于内外受敌，阿斯提阿格斯国王被彻底打败了。米底王国灭亡，取而代之的是占领了整个亚洲的波斯帝国。这个国家被称为阿契美尼德王朝波斯，因为据说居鲁士是波斯阿契美尼斯部落的后代。该事件发生在公元前549年。

吕底亚王国的灭亡

波斯帝国阿契美尼德王朝的崛起对邻国吕底亚的国王克罗伊斯构成了巨大的威胁。克罗伊斯国王就像五代之前的巨吉斯一样，带着大量祭品向德尔斐祈求神谕。神谕告诉他要与希腊最强的人结盟，因为如果克罗伊斯向波斯出兵，大帝国就会灭亡。

正如我们将看到的，神谕中提到的大帝国就是吕底亚王国。然而，克罗伊斯国王将此理解为波斯，并选择与该国开战。

最终，首都撒狄遭到入侵，尽管开局占据优势，但14天后还是被攻陷了。公元前546年，吕底亚王国灭亡。巨吉斯时代"复仇将在五代之后降临"的预言，得到了应验。

克罗伊斯国王被钉在火刑柱上示众，但一场神奇的暴雨扑灭了火，救了他的命。最终，居鲁士宽恕了他，并收他作为自己的心腹。

随着吕底亚的沦陷，希腊的殖民地几乎完全被波斯吞并。有些城市的居民放弃土地远走他乡，有些城市的居民则勇敢抵抗，但家园还是被迫成了附属城市，还有一些城市的居民都被作为奴隶卖掉了。不得不提的是，此时，哈帕戈斯是前吕底亚王国土地上波斯方面的总司令官。

波斯帝国占领埃及

居鲁士打败吕底亚后，控制了整个安纳托利亚半岛，包括希腊的殖民地。此外，他还乘胜占领了巴比伦，即新巴比伦王国的首都。这意味着，居鲁士统一了四个独立王国中除埃及之外的三个王国。

然而后来，居鲁士在与马萨吉特人的战斗中倒下了。马萨吉特人与斯基泰人同源，是一个勇猛果敢的民族。马萨吉特的托米里斯女王因为儿子被波斯人杀害而对居鲁士始终怀恨在心。她找到了居鲁士的尸体，将其斩首，并浸泡在了装满人血的皮袋中，说："我让你喝血喝个够。"

然而，居鲁士已经将部分统治权移交给他的儿子冈比西，所以，他的死亡对帝国没有任何不利影响。相反，冈比西还计划将帝国版图进一步扩展到埃及。

需要提到的是，希罗多德的《历史》一书对埃及的历史、地理、政治和风俗进行了丰富而详细的描述，这证明希罗多德曾亲自访问并了解过这个国家。本书对这部分内容的描写有所省略，但《历史》这本书确实是关于希波战争的宝贵资料，也是了解古代世界情况的宝贵资料。

冈比西是因为自己的政治婚姻乌龙才开始远征埃及的。当时的埃及国王阿玛西斯在一次政变中从前任国王阿普莱厄斯手中夺取了王位。冈比西派使者去见阿玛西斯，请求他将女儿许配给自己。阿玛西斯认为冈比西是要将自己的女儿纳为小妾而非王妃，于是把前任国王阿普莱厄斯的女儿尼特提斯假扮成自己的女儿送到了波斯。

但对尼特提斯来说，阿玛西斯是她父亲的敌人，所以她很快就告诉了冈比西真相。冈比西听到真相后，对这番嘲弄感到非常愤怒，于是决定远征埃及。

埃及人认为，希腊与埃及是盟友关系，所以如果有希腊的援军出手相助，他们就能击退敌人。然而，带兵来到埃及的希腊雇佣兵队长对阿玛西斯的所作所为并不满意，于是投身冈比西麾下。在他的带领下，波斯军队长驱直入，最终攻陷了埃及首都孟菲斯。

由此，波斯帝国占领了包括埃及在内的整个亚洲地区，从而统一了古代东方世界。

疯狂的冈比西国王

冈比西对成功攻下埃及异常振奋，紧接着又制订了三次远征计划，目的地分别是腓尼基殖民地迦太基（今突尼斯）、埃塞俄比亚和沙漠城市安曼。然而，这三次远征计划都惨遭失败。

从这时候开始，冈比西的精神异常症状愈发明显。为了占卜波斯民众对国王的看法，他甚至用箭射杀了他的手下普莱克萨斯的孩子。他还把12个无辜的波斯人从脖子以下埋起来，以此杀害了他们。他梦见自己的王位被兄弟斯梅尔迪斯夺取，于是命令普莱克萨斯刺杀自己的兄弟。因为妹妹责怪了他的行为，他就杀死了自己的妹妹。诸如此类近乎疯狂的行为不胜枚举。此外，他还挖掘其他国家国民的坟墓，嘲弄并破坏神殿作为消遣，这些行为数不胜数。

随着这些疯狂的行为越来越广为人知，反叛势力暗潮涌动。拜火教僧侣高墨达兄弟趁势计划谋反。

哥哥原本是冈比西国王的心腹，在国王远征埃及期间被任命看守一职。弟弟与被谋杀的国王亲弟弟斯梅尔迪斯相貌惊人地相似，甚至名字也是斯梅尔迪斯。

于是哥哥让弟弟坐在宝座上，宣布："从现在起，不再听从冈比西国王的命令，而是听从斯梅尔迪斯国王的命令。"

这是一次相当草率的反叛计划，却最终成功了。当冈比西国王在埃及听到这件事时，以为这是自己杀了弟弟而受到的天谴。他伤心欲绝，结果因伤口坏疽而死，共在位七年零五个月。

当然，高墨达兄弟的阴谋很快就暴露了。来自波斯的智者奥塔尼斯站了出来，带着六个亲信入侵皇宫，刺杀兄弟俩。七人中就包括大流士，他后来成了波斯的下一任国王。

波斯人也知道了高墨达兄弟的行为，于是在城里屠杀了一些毫无瓜葛的拜火教僧侣。这一天被定为拜火教僧侣大屠杀祭日，每年都举行盛大的祭典仪式。

民主制、寡头制还是独裁制？

问题是，波斯帝国未来会变成什么样？冈比西国王没有子女，因此有必要任命一位新的政治领袖，建立新的政治制度。

以奥塔尼斯为首的七人小组讨论了这个问题，得出了三个备选的政治体制：民主制、寡头制和独裁制。接下来便由此展开了争论。

首先发言的是奥塔尼斯，他主张实行充分的民主制。他说道：

"我们绝不能实行独裁统治。大家都知道冈比西的暴政，也亲眼见过高墨达兄弟的暴虐。一个不负责任、为所欲为的独裁政权，怎么可能会建立一个有秩序的国家呢？在这样的独裁制度下，即使是世界上最优秀的人，一旦处于君主的地位，也会忘记他们的初心。因为当下的荣耀使他滋生傲慢之心，况且人都有一种与生俱来的嫉妒心。由于人性的这两个弱点，独裁者最终会沾染所有的恶习……独裁者本来就得到了世界上所有的幸福，按说不应该羡慕他人，但实际上，他对国民的态度恰恰相反……如果一个独裁者得到的赞扬不够多，他就会心有不快，觉得臣民服务得不够好；如果得到太多吹捧，他也会不高兴，怀疑臣民在阿谀奉承他。

"……独裁者破坏祖先的习俗，强奸妇女，毫无道理地夺取人命。与这种统治制度相反的是群众的统治，其特征首先，是万民同权；其次，是不做任何独裁者会做的事情。国家事务的管理由抽签决定，官员对自己的工作负责，所有国家事务将由公众意见来决定。

"因此，我认为应该放弃独裁统治，实行群众主权，一切事务均取决于大多数人的意见。"

而美伽比佐斯则主张实行寡头制：

"我完全同意奥塔尼斯关于废除独裁制的观点，但我不认为把主权留给群众是最好的制度，因为没有什么比一群无用的人更愚昧无知、偷奸耍滑的了。如果为了避免独裁者的暴政，而让国家落入野蛮的暴民之手，这是令人无法忍受的事……一群从未被教导过什么是公正的人，而且自身也没有领悟能力，怎么可能有这样的意识呢？这群人就像一条奔腾不息的河流，毫不思考地在国家事务中被驱使着前进……我们要选择一批最优秀的人，并赋予他们主权。当然，我们在座的每一个人都应在备选人当中，最好的制度理应由最优秀的人去执行。"

最后，大流士阐述了独裁统治制度的优势：

"我同意美伽比佐斯关于大众的说法，但他关于寡头制的阐述有待商榷。如果我们假设这里提出的三种制度——民主制、寡头制和独裁制，均处于制度的最佳状态，我能断言最后一种制度远远优于其他两种制度。没有任何制度能优于一个人单独执政，这个人可以发挥卓越的智慧，以出色的能力管理国民。而且在这种制度下，他的对敌谋略也可以得到绝佳的保密。然而，在寡头政治中……每个人都会成为领袖，每个人都会试图使自己的意见得到认可，结果就会造成彼此激烈争吵的局面，从而导致内乱，而内乱将导致流血，流血又将导致独裁统治的出现……另一方面，在民主国家，恶势力的入侵是不可避免的……因为那些试图对国家作恶的人是串通好的。某位民众领袖出现，煽动国民对国家作恶，从而使自己上升到僭主的统治地位。就是这个人，在群众的煽动下，最终成为独裁者。因此，最好的方法就是从一开始就选择一位优秀的领导者来治理国家。"

经过一番辩论，七个人中有四个人选择了大流士推荐的独裁制。奥塔尼斯拒绝出任为国王候选人，说他不想统治谁，也不想被谁统治，并在离开时承诺他和他的后代都不会被这里的任何人所统治。

希罗多德试图通过这场辩论描绘自己对独裁统治的厌恶。当时，雅典刚刚驱逐了长期在位的僭主庇西特拉图家族，并建立了一个新的民主国家。我认为他想将两者进行对比，以明确《历史》的主题，即东西方之间的对抗，最终想要强调的是民主制终会获胜。

大流士国王的诞生

下一个问题是，究竟任命谁为国王？大家同意从剩余的六个人中做出选择，并设定了一个游戏规则：六个人都骑马出去，日出时，哪匹马最先嘶鸣，它的主人就将获得王位。

大流士想出了一个秘密计划，他叫来一位聪明的马夫，命令他一定要让自己的马先鸣叫。马夫牵出了大流士所骑的马最喜欢的一匹母马，并安排它们在出发的路上会面。

正如他所希望的那样，大流士的马一看到母马就发出了嘶鸣，那一刻，闪电乍起，雷声轰鸣。于是，继居鲁士和冈比西之后，大流士成为波斯的新一任国王。

他上任后做的第一件事就是为自己制作了一幅浮雕，上面雕刻着他骑马的形象，并刻有以下铭文：

"希斯塔斯帕斯的儿子大流士凭借马和马夫的功劳加冕为波斯国王。"

他还娶了前前任国王居鲁士的两个女儿，前任国王冈比西已故的弟弟斯梅尔迪斯的女儿，以及智者奥塔尼斯的女儿。由于政治婚姻牵涉的范围不断扩大，大流士的威望也在整个波斯树立了起来。

《历史》中详细描述了强大的大流士如何将庞大的波斯帝国建设成一个国家，因此这部著作也是了解当时波斯行政结构的宝贵资料。该书至此，就是全九卷中的前三卷内容。

希腊殖民地米利都的叛乱

从第四卷开始，我们将看到大流士在波斯帝国建立了自己的统治根基后，如何将触手伸向了欧洲和利比亚（北非）等未被征服的领土。从第五卷开始，讲述的是与希波战争直接相关的事件和情节，其中详细介绍了波斯和希腊之间的战争是如何开始的。

如前所述，安纳托利亚半岛的海岸线上原本遍布着希腊的殖民城市，殖民地区的人被称为"爱奥尼亚人"。大流士在控制该地区期间，对他们施加了贸易限制等不合理的要求，起初爱奥尼亚人顺从了这些要求，但后来逐渐滋生出不满与怨恨情绪。

在这种背景下，加之数位执政者的战略策划，最终导致了战争的爆发。

其中一个殖民城市是米利都。那里有一位爱奥尼亚独裁者，名叫希斯提亚埃乌斯，他受到大流士国王的青睐，被召到首都苏萨（今伊朗西南部）担任国王身边的要职。希斯提亚埃乌斯将米利都的管理权委托给他的表弟兼女婿阿里斯塔格拉斯。

与此同时，爱琴海的纳克索斯岛爆发了内战，该岛也有一个希腊殖民地，那里的富人被驱逐并流放到米利都。阿里斯塔格拉斯以支援为借口，试图控制纳克索斯岛，甚至向波斯的安纳托利亚半岛总督阿尔塔普勒尼斯（大流士国王的同父异母兄弟）寻求帮助。

然而，由于自身的傲慢，阿里斯塔格拉斯入侵纳克索斯的企图失败了，而波斯帝国自然会追究他的责任。就在这时，陷入困境的他收到了希斯提亚埃乌斯从苏萨发来的密信："推翻大流士国王。"

图表 2-2　希波战争相关事件年表

年份	事件	动向
BC 499	爱奥尼亚叛乱	雅典及爱奥尼亚国家对抗波斯
BC 492	马铎尼斯发动进攻	大流士一世向希腊派遣了由马铎尼斯率领的军队
BC 490	马拉松战役	大流士一世第二次远征希腊。雅典与普拉提亚联合对抗波斯
BC 480	温泉关战役	薛西斯（大流士一世之子）远征希腊。斯巴达国王列奥尼达一世领导"斯巴达 300 人"军队进行抵抗。雅典陷落
	阿尔铁米西昂海战	希腊与斯巴达欧里比亚德斯率领下的波斯军队进行了海战
	举办奥林匹克运动会	
	萨拉米斯海战	希腊军队获胜
BC 479	普拉提亚之战	雅典和斯巴达联军在希波战争中的最后一战，希腊军队获胜
BC 478	提洛同盟	雅典主导下的国家联盟

希斯提亚埃乌斯没有借机救他表弟于危难，而是把这看作自己返

回米利都的一个机会——如果某地爆发叛乱，他就可以被派去领导军队平定叛乱，从而回到独裁者的位置。

另一方面，阿里斯塔格拉斯认为，唯一安全的做法是从波斯独立出来，而不是坐以待毙。于是他去了斯巴达，试图获得欧洲人的支援，但被赶了回来。接着，他又去了雅典，由此拉开了希波战争的序幕。

雅典向民主制过渡

与此同时，希腊雅典发生了一个截然不同的故事。长期在位的专制僭主庇西特拉图一族被赶下台，取而代之的是民主制度。

被赶下台的庇西特拉图一族的领导者希斯皮亚斯向斯巴达求助。当时，斯巴达是公认的希腊世界的霸主，根本没将雅典这个日渐强大的民主国家放在眼里。于是，斯巴达与希斯皮亚斯联合起来，共同呼吁邻国盟友对雅典施加压力，助其夺回独裁者的地位。

邻近的同盟国虽然内心颇有微词，但无法抵挡斯巴达强大的力量，于是保持沉默。这就是当时希腊社会的情势。然而，位于伯罗奔尼撒半岛东北端的同盟国之一科林斯打破了沉默，公然表示反对，并讲述了自己的国家在独裁者统治期间，许多市民遭到迫害和杀害的经历，然后继续说道：

"斯巴达人啊，你们一直很小心，不让独裁者出现在自己的国家里。可是，你们却要在其他国家拥立一位独裁者。所谓的独裁政治，不就是这样吗？所以请不要想着在希腊诸国建立一个个独裁政权。如果你们非要恢复希斯皮亚斯独裁制，我要让你们知道我们科林斯绝不会同意。"

与此同时，同盟国中一直保持沉默的国家也出现了反对的声音。斯巴达和希斯皮亚斯的计划落空了。

但希斯皮亚斯没有放弃。接下来，他转向了波斯帝国。米利都的独裁者阿里斯塔格拉斯去拜访了安纳托利亚半岛总督阿尔塔普勒尼斯，两人曾经合作入侵纳克索斯。他建议散布一些关于雅典的流言，从而入侵雅典并将其置于大流士国王和自己的控制之下。

当雅典得知希斯皮亚斯的阴谋后，就派人去见阿尔塔普勒尼斯。然而，阿尔塔普勒尼斯要求，如果雅典不希望发生战事，就必须恢复希斯皮亚斯的独裁地位。雅典拒绝了这个要求，于是两国之间正式成为对抗关系。

希波战争的开始：马拉松战役

就在这个时候，米利都的阿里斯塔格拉斯从斯巴达来到了雅典。雅典人在阿里斯塔格拉斯的劝说下，决定派 20 艘船去增援爱奥尼亚人。这就是雅典及爱奥尼亚人与波斯帝国之间军事冲突的开端。

起初，雅典及爱奥尼亚人占了上风，甚至占领了波斯在安纳托利亚半岛的据点萨狄斯（前吕底亚王国的首都），并将其烧毁。大流士国王悔恨交加，命令一个随从在他每次吃饭时说三遍："国王陛下，不要忘记雅典人。"

终于，在国力上占压倒性优势的波斯人挽回了一局。雅典及爱奥尼亚的入侵军队最终被击溃，阿里斯塔格拉斯在撤退中被杀。他的表兄希斯提亚埃乌斯也在逃亡中遭到逮捕，尸体被钉在十字架上，头颅被腌在盐里，送到了大流士国王面前。米利都城被波斯人彻底攻破，所有市民都被迫成了奴隶。

随后，波斯人发起了激烈的反攻。他们袭击了安纳托利亚半岛附近被希腊殖民的群岛，把这些地方一个接一个地烧毁，挑选美貌的少年进行阉割，并把姿色秀丽的少女送到大流士国王的宫廷。他们还征服了位于亚洲和欧洲之间的分界处的赫勒斯滂海峡（即达达尼尔海峡）一带。此外，他们还派特使前往希腊各城市，命令其服从大流士国王的统治。这些城市全都臣服了波斯。

大流士王的目的是进攻雅典。安纳托利亚半岛的长官阿塔波因斯是军队的总将领，而领导军队的则是熟悉雅典周围地理特征的希斯皮亚斯。希斯皮亚斯选择了位于雅典西北部的马拉松作为交战的布阵地点。

而雅典人在是否与逐渐逼近的波斯军队交战这一点上存在分歧。雅典将军米太亚得主张开战，并将全国的意见统一了起来，其主战论点如下：

"雅典现在正面临建国以来最大的危机。我们如果屈服，定会被交到希斯皮亚斯手中，其后果是显而易见的；我们如果能够让国家安泰和平，就会成为希腊诸国中的一等民族……而如果我们不打，国家肯定会出现剧烈的内部分裂，从而磨灭雅典市民的士气，其结果与屈服波斯人并无二致。然而，如果我们在某些雅典人轻举妄动之前先发制人，那么只要诸神是公正的，我们就能在战斗中获胜……"

雅典人随后与普拉提亚军队一起向马拉松进发，普拉提亚是唯一一个向他们提供援助的城市。这就是希波战争中第一场重大战役——马拉松战役的开端，这场战役发生在公元前490年。

图表 2-3　希波战争相关地图

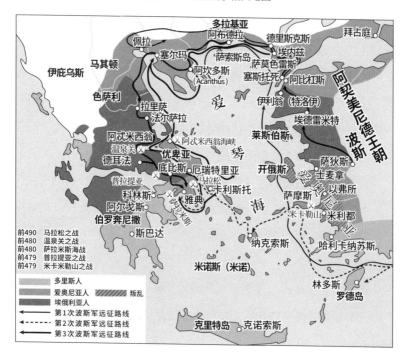

雅典和普拉提亚的联合军队在力量和武器装备上处于劣势，他们根据波斯人的战线调整了己方战线，使其中间的力量薄弱一些，同时加强左右两侧的兵力。目的是当波斯人试图突破中间兵力时，己方可以从两侧进行夹击围攻。这种方法很有效，最后波斯军队撤退了。

当时，最厉害的"武器"既不是马也不是弓，而是步兵的飞奔冲锋。这次进攻不同于战争史上的任何一次，尽管波斯军队在实力上占有优势，却被这种方式打得措手不及。

波斯人逃到海上后改变了计划，他们认为雅典此时并无军队驻守，于是打算从海上攻击雅典。然而，雅典人察觉到了这一点，从陆路全速折返，最终在波斯人进攻之前返回了雅典。波斯人见状，放弃了进攻雅典的计划，回到了自己的国家。马拉松战役至此结束。这场战役在《历史》第六卷中有所描述。

组建大军再次远征希腊

从这里开始，将进入《历史》第七卷的内容。

大流士国王对马拉松战役的失败感到非常恼怒，于是立即准备再次进攻雅典。4年后，一直在他统治之下的埃及叛离了波斯帝国。大流士决心同时征服埃及和希腊，然而他在第二年突然去世，共在位36年。

他的儿子薛西斯继任后，最初一心想要拿下埃及，而对当时处于边疆的希腊不太感兴趣。然而，马尔多尼奥斯将军让他改变了主意。马尔多尼奥斯是大流士妹妹的儿子，也是薛西斯的表弟，在之后的希波战争中发挥了重要作用。

马尔多尼奥斯坚持拿下雅典有他自己的理由。在马拉松战役之前，他曾率领一支庞大的舰队前往雅典，但是在一场突如其来的北风中，他们损失了300艘船和2万人。因此，他非常希望能够卷土重来。

考虑到这一点，薛西斯决定远征希腊。他又花了4年时间为远征做准备，并组建了数量空前的船只和军队——4000多艘船，海军50多万人，步兵170万人，骑兵8万人。此外，还有来自阿拉伯的骆驼军队和来自利比亚的战车部队，共计 2 万人，以及从欧洲招募的陆军和海军数十万人。传说，由于队伍过于庞大，他们所到之处，河流都被喝干涸了。

于是，恐惧的阴霾再次笼罩在希腊上空。雅典人祈求德尔斐神谕，一位女祭司说道：

"当所有土地都落入敌人手中时，唯一不会倒下的只有木制堡垒，它将拯救你和你的孩子们。不要无所事事地等待一支大军从陆路进攻而来。转身逃走吧。总有一天，你会进行反击。神圣的萨拉米斯，你将在庄稼丰收之际消灭所有敌人。"

当时，雅典有一位政治家兼军人，叫地米斯托克利[2]。长期以来，他一直是增强海军势力的主要倡导者，他将神谕中的"唯一不会倒下的只有木制堡垒"理解为"准备进行海战"，从而吸引了一部分支持者。为了应对即将到来的波斯舰队，他让市民放弃家园，带着财产登上船，在海上避难。

与此同时，周边城市的代表们也聚集在雅典，发誓要团结统一，作为希腊的一部分进行战斗，希腊最重要的城市之一斯巴达也在其中。

温泉关之战

最终，波斯军队抵达希腊中部的色雷斯，靠近马利亚科斯湾。希腊人在海湾西侧的温泉关地区坐镇。这是连接希腊北部和南部的主要

---

[2]地米斯托克利（Themistocles，前 524 年—前 460 年），古希腊杰出的政治家、军事家。又译
　为"塞密斯托克利斯"。——译者注

道路，但因位于陡峭山脉和马利亚科斯湾之间，道路较为狭窄。因此，它也是一个战略性的防御要点。

在这里，斯巴达国王列奥尼达亲自指挥希腊军队。此时恰逢斯巴达举行节日庆典，按照惯例应该暂停军事行动，但如果斯巴达以此为借口不参加战争，其他城市可能会认为斯巴达是受到了波斯人的恐吓才作罢。这不仅事关斯巴达的名誉，而且会使各城邦士气低落，导致他们投降波斯。

因此，列奥尼达从斯巴达有子嗣的人中挑选了300名最优秀的精锐战士赶赴战争前线，其中也包括他自己。这些人被后人称颂为"斯巴达300勇士"。

另一方面，薛西斯领导的波斯军队在实力与数量上占据压倒性优势，但他在布阵与开战之间留出了一部分时间。他认为，只要展现他的威严，希腊人就会受到惊吓，不战而逃。然而，希腊人毫不退让，5天后，急不可待的波斯人发动了进攻。在马拉松战役10年之后，即公元前480年，温泉关战役打响了。

面对具有压倒性人数优势的波斯军队，希腊方的列奥尼达利用温泉关的地理优势，把波斯人引到一个狭窄的通道，再将其逼退。这种战术让战斗陷入了僵局。

这时，因为一个当地人的背叛，战况发生了改变。这个人为了得到奖金，向波斯人指出了通往温泉关的道路。于是，波斯人从希腊人的背后发起了偷袭。

当希腊人察觉到时，已经寡不敌众了。在狭窄的道路上遭受前后夹击必死无疑。士兵们开始动摇。

此时，列奥尼达做出了一个重要决定。他解散了各城邦的军队，让士兵们回家。剩下的除了 300 名斯巴达人以外，还有志愿军等一两千人。他们本可以放弃自己坚守的阵地，撤退或投降，但他们都不愿这样做。

当然，他们没有获胜的希望。据说，他们被折断了长矛和剑之后，仍赤手空拳地战斗。波斯人对这种肉搏战感到恐惧，于是撤退了，改用弓箭进攻，射出的箭遮盖了整片天空，但斯巴达人仍在箭雨下浴血抵抗。

最终，包括列奥尼达在内的几乎所有希腊人都死在了战场上。但波斯人也遭受了重创，据说有两万人在这场战斗中丧生，伤亡人数几乎是希腊人的 10 倍。

战死者被埋葬在了温泉关，除了希腊军队的墓碑，人们还为斯巴达士兵立了一块墓碑，碑文如下：

"旅人啊，请你告诉斯巴达人，我们坚守诺言，长眠于斯。"

阿尔铁米西昂海战

在温泉关战役爆发的同时，希腊军队和波斯军队也在海上形成对峙。这场战役发生在阿尔铁米西昂海峡，位于希腊大陆以东，跨越欧里波斯海峡的欧博亚岛以北地区，因此被称为"阿尔铁米西昂海战"。

希腊军队的规模约为 300 艘船舰，包括来自雅典的 127 艘。但军队的总指挥官不是雅典人，而是斯巴达的欧里比亚德斯。这是因为斯巴达是当时希腊世界的领袖，若由雅典人领导军队，很可能会引发其他城市的不满，从而导致叛变。

战争开始前，希腊人面对拥有1000多艘船的波斯军队，认为己方不可能获胜，于是考虑撤退。他们放弃了欧博亚岛，准备进行一场本土决战。

欧博亚的居民对此很忧心。他们找到曾主张将雅典人撤到海上的雅典军人地米斯托克利商量，提出如果不撤退而是战斗，就向他支付30塔兰顿（一种货币单位）。

地米斯托克利接受了这个提议，并假装自掏腰包，给了欧里比亚德斯5塔兰顿，还给了来自科林斯城邦的一位有影响力的军官3塔兰顿。这位军官曾主张撤军，地米斯托克利以钱财诱使他改变了主张。结果，希腊军队留在了阿尔铁米西昂。

另一方面，波斯军队制订了一个计划。他们派出一部分舰队沿着欧博亚岛东侧南下，另一部分舰队从该岛南端沿着欧里波斯海峡北上，试图在阿尔铁米西昂夹击希腊军队。然而，这个计划却事与愿违，因为就在当天晚上，一场风暴袭来，所有航行在狭窄的欧里波斯海峡的船只都搁浅了。这个消息鼓舞了希腊军队的低迷士气，同时也刺激了等待中的波斯军队的情绪。由于担心会惹得薛西斯国王不快，他们决定先发制人，主动发起一场猛攻。

两支军队发生了冲突，恰巧这一天在陆地上也发生了温泉关之战。波斯军队在人数上有压倒性的优势，但正因为人数众多，导致他们的阵线混乱，甚至有时自己人也会打起来。当然，希腊人也遭受了很大的损失，作为战斗主力的雅典舰队有一半被损坏。尽管如此，希腊军队在战争中还是全力以赴，力战到底。

战争胜负的关键是来自陆战的战报。希腊军队事先约定，如果他们的陆军和海军部队在战争中处于劣势，就互相合作，互相帮助。然而，得知列奥尼达在温泉关战死以及斯巴达部队全军覆没的消息后，海军部队立即决定从阿尔铁米西昂撤退。

雅典的陷落和萨拉米斯海战

陆上和海上的战役结束时，薛西斯国王正身处温泉关地区。与此同时，希腊城邦之一的奥林匹亚也在庆祝奥林匹克运动会。人们在体操和马术等比赛项目上争相竞技，获胜的一方会被授予用橄榄枝编成的皇冠。薛西斯听到这件事情后，非常惊讶地说道：

"这是何等的人啊！希腊人不是为了金钱，而是为了荣誉而战。"

然而，薛西斯并没有放松侵略的步伐。突破大关后，他派出一支大军南下，直取雅典。途经的城市被一个接一个地烧毁和肆意掠夺，却没有一个城市或市民起来抵抗。

另一方面，希腊人从阿尔铁米西昂撤退后，到达了雅典西部的萨拉米斯岛，在这里加强防御，以便让雅典市民在岛上避难。来自其他城市的援军，大约有380艘船在萨拉米斯集结，比阿尔铁米西昂的船只数量还要多。

结果，当波斯人到达雅典时，大部分雅典居民已经被疏散了。薛西斯烧毁了雅典的象征——雅典卫城，以此报复爱奥尼亚人叛乱期间在安纳托利亚据点萨狄斯纵火之事。据说当时正在建造的著名的帕特农神庙也在这场火灾中被毁。雅典顷刻之间陷落了。

当这个消息传到萨拉米斯时，气氛骤然紧张起来。各城市的军事代表就如何收复失地展开了辩论。

包括斯巴达在内的伯罗奔尼撒半岛的城市认为，波斯人的下一次入侵应该会以该半岛为目标，陆军和海军应该集中在该半岛前面的科林斯地峡。但这就意味着要放弃萨拉米斯岛，流离失所的雅典人将不得不承受巨大的牺牲。

　　雅典军人地米斯托克利认为他们应该留在萨拉米斯作战，他的理由如下：

　　"如果我们在地峡附近交战，海战就会在大海上进行，这对于船只数量处于劣势的我方是不利的。但如果我们在更狭窄的海域作战，情况就会对我方更有利。敌人会发生混乱，甚至陷入自伤的境地。伯罗奔尼撒人的提议并不符合你们的利益，因为如果把舰队集中在地峡，那么敌人也一定会把陆军派到那里。我们不应该愚蠢到将敌人引入伯罗奔尼撒半岛。假如我们留在萨拉米斯，把敌人引到这个狭窄的海峡，并利用我方有利的地理位置作战，一旦我们赢了，敌人就会失去海军力量。而敌人不会只靠陆军进军伯罗奔尼撒，他们一定会从阿提卡撤回自己的国家。所以我认为，留在萨拉米斯是正确的。"

　　他们当场并没有达成一致，但地米斯托克利又做了一件事。他给波斯军队的薛西斯发了密信，告诉他希腊舰队已经陷入混乱，正在向科林斯地峡撤退。他这样做是想诱使波斯人进攻守备薄弱的萨拉米斯岛，也是为失败后向波斯献媚提前做好准备。

　　收到这封密信后，波斯军队在萨拉米斯附近的水域集结。希腊方见状，被迫留在萨拉米斯岛。就这样，萨拉米斯海战开始了。

　　波斯人的船只数量大约是希腊人的两倍，但最终希腊打败了波斯。据说有200多艘波斯船只遭到损坏，而希腊人只损失了大约40艘。其主要原因是，希腊大陆之间狭窄的萨拉米斯海峡成为战斗场地，波斯人根本无法移动和控制他们庞大的多民族舰队，最终希腊人赢得了这场战斗。

薛西斯观看了整场战斗，意识到己方战败，于是回到了波斯帝国的首都苏萨。而主战的马尔多尼奥斯将军则带着30万人留在了希腊。

普拉提亚之战

马尔多尼奥斯将军率领军队退到了希腊中部的色萨利地区，然后派了一位特使前往雅典。尽管在萨拉米斯战役中遭到惨败，但波斯在军事力量上仍有压倒性优势。马尔多尼奥斯提出，如果雅典愿意投身波斯帝国的军门之下，他们就对以前的事情既往不咎。但他同时也准备着再次挥兵南下。

雅典人坚定地拒绝了这项提议，市民们远离家园，搬到了萨拉米斯岛避难。同时，雅典也向斯巴达等城市请求支援，并向他们暗示，为了保护自己的市民，雅典也有可能被迫投身于波斯。雅典还威胁说，在这种情况下，也有可能集结波斯与雅典的联合军队来进攻伯罗奔尼撒。

这时，斯巴达正在科林斯地峡建造一道防御墙，对雅典的支援请求没有给出明确的回应。然而，如果雅典舰队从海上进攻，这道防御墙就会失去作用。于是斯巴达决定与雅典联合起来，共同面对波斯大军。其他没有屈从波斯的城市也相继跟随斯巴达的步伐。

希腊军队随后在雅典西北部的普拉提亚再次集结，据说总人数达到了11万。另一方面，马尔多尼奥斯领导的波斯军队约有35万人，包括之前的 30 万人和希腊方的 5 万人。两支军队隔着流经该地区的阿索波斯河对峙。这是希波战争的最后一场战役，即普拉提亚战役，发生在萨拉米斯海战的次年，即公元前 479 年。

虽然波斯军队在人数上具有压倒性优势，但希腊军队的士气更加高昂。有个事件说明了这一点。在战斗僵持了 10 天之后，马尔多尼奥斯召开了一次战略会议，试图打破僵局，因为他发现，随着时间的推移，担忧希腊前途的士兵陆续加入了希腊军队。

其中一位主要军官阿尔塔巴索斯提议通过贿赂来解决问题，把军队带来的金银财宝送给希腊军队中的重要人物，借此从内部离间希腊军队。这也意味着希腊军队是如此团结，力量是如此强大，以至于对波斯构成了威胁。

但这一提议被马尔多尼奥斯否决了。于是阿尔塔巴索斯带着手下的 4 万人离开了战线，回到了波斯。

战斗的正式开始源于一个误会。第十一天，波斯袭击并摧毁了希腊军队饮用的泉水。希腊人再勇猛团结，没有水也无法作战。为了不被波斯人发现，他们当天晚上悄悄向后方撤退了一些。而斯巴达人不屑趁夜色行动，直到黎明都坚守在战争前线。

第二天，马尔多尼奥斯看到希腊军队消失了，误以为他们已经撤退了，于是命令所有部队渡河进攻。这时，留到最后的 5 万名斯巴达士兵挺身而出，激烈的战斗开始了。

虽然斯巴达军队在人数上处于严重劣势，但他们全副武装，训练有素，士气高昂，与波斯军队在战场上互相角逐。而波斯一方，马尔多尼奥斯本人率领最精锐的 1000 名士兵打头阵，勇猛异常。

然而，马尔多尼奥斯后来被斯巴达士兵投来的石头砸死了。没有了指挥官，波斯军队陷入混乱，很快被击退了。波斯的本土部队被打败后，其他外来民族组成的部队也渐渐失去了战斗意志，最终不战而降。波斯军队总共应有 35 万兵力，但最后只有波斯人保持着战力。

输赢当下立断。据说，除了阿尔塔巴索斯率领的 4 万人，只有不到 3000 名波斯士兵能够返回帝国，而希腊人的损失还不到 200 人。

富人抢劫穷人的愚蠢行为

斯巴达人在普拉提亚战役中殊死搏斗，也有部分复仇的意图，因为他们的前任国王列奥尼达在温泉关战役中殒命。军队的指挥官保萨尼亚斯是列奥尼达的侄子，也是列奥尼达的儿子即现任斯巴达国王普赖斯塔克斯的监护人。

《历史》在介绍这场战事的终结篇章中，讲述了一个关于保萨尼亚斯的讽刺故事。

在奇迹般获胜后，保萨尼亚斯去视察了敌将马尔多尼奥斯的家。波斯帝国国王薛西斯在萨拉米斯战败后回国时，将他带来的所有财产都留给了马尔多尼奥斯，因此马尔多尼奥斯的家里摆满了金银器皿和诸多华丽的家具。

保萨尼亚斯还命令留下来的面包师和厨师准备了马尔多尼奥斯平时吃的食物。金银桌子上摆放着奢侈华丽的盘子，里面盛满了山珍海味。

接着，他让随从准备了来自他家乡斯巴达的饭菜。两种食物摆在一起，可谓天壤之别。保萨尼亚斯把其他官员召集在一起，笑着说："希腊人，我叫你们过来，就是想让你们看看，这个波斯指挥官过着这样奢侈的生活，却想要来夺取我们这些穷人的东西，是多么愚蠢啊！"

第3章

修昔底德
《伯罗奔尼撒战争史》中
描绘的众愚希腊

与希罗多德的《历史》形成对比的没落历史记录

正如我们在上一章中所看到的，希罗多德的《历史》讲述的是以雅典和斯巴达为首的希腊城邦联合起来打败当时世界上最大、最先进的波斯帝国的史诗故事，描绘了雅典新诞生的民主制度的辉煌、朝气与力量。

例如，在《历史》中有这样一段话：

"就这样，雅典变得强大起来，这证明了自由和平等是多么重要，它们不仅仅体现在一个方面，而是体现在所有方面。当雅典处于独裁统治下时，其实力无法超过任何一个邻国，而它一旦从独裁统治中解放出来，便成了迄今为止最强大的国家。因为民众受到压迫时，是在为独裁者劳作，其行为会故意懦弱；但当他们获得自由时，每个人都渴望为自己工作，热情就被调动起来了。"

这可能是希罗多德最想表达的。

但后来，希腊世界经历了一个动荡和衰落的时期。雅典和斯巴达之间的斗争愈演愈烈，最终导致了伯罗奔尼撒战争的爆发。而且，雅典虽然在希波战争的胜利中迎来全盛期，但是几十年后，一系列代价高昂的战争又让雅典陷入了生存危机。

整个故事被记录在与希罗多德齐名的古代历史学家修昔底德的《伯罗奔尼撒战争史》中，这部史诗主要描写了雅典和斯巴达之间的战争，也可以说是民主制和寡头制之间的一场战争。

但即使在实行民主制的雅典，国家也会因领导者的思想和行为而发生巨大的变化。为满足一己私欲的领导者可能会煽动市民，使其失去理智，从而选择一条对国家来说明显错误的道路。这就是民主的可怕之处，也是修昔底德想要表达的观点，他在《伯罗奔尼撒战争史》中描述的正是支持这一观点的事件和战争。

　　修昔底德是雅典人，也是伯罗奔尼撒战争的中一位将军。根据该书开头的叙述，从战争一开始，他就预言这将是一次重大事件，并将其记录下来。然而，他因战争失利而被流放境外，直到 20 年后雅典战败，他才被允许回国。也许正是因为他从外部观察了伯罗奔尼撒战争的全貌，所以才能如此冷静地记录整个事件。与希罗多德《历史》的欢快和活泼相比，《伯罗奔尼撒战争史》是一个阴暗的内战故事，但可以看出作者为了后世而尽可能准确地将其记录下来的决心。

两个大国统治之下的希腊世界

　　《伯罗奔尼撒战争史》和《历史》一样，是一部史诗著作，被后来的学者分成了八卷。由于这是一本巨著，本书不可能涵盖所有内容，以下将择其重点介绍当时希腊世界的历史进程。

　　第一卷记录了从公元前 479 年希波战争胜利到前 431 年伯罗奔尼撒战争爆发之间的这段约 50 年的历史。

　　书中介绍了希腊的发展史以及希波战争的始末，还介绍了在《历史》这本书的末尾出场的保萨尼亚斯。保萨尼亚斯是斯巴达人，在希波战争期间担任希腊联军的总指挥官。他在《历史》中被塑造为一个胜利者，但在《伯罗奔尼撒战争史》中却被描述为一个暴力分子。普拉提亚战役后，他将自己的统治势力扩张到巴尔干半岛东部的拜占庭（今伊斯坦布尔），其行为更像是一个僭主而非战争指挥官。因此，除了来自以斯巴达为中心的伯罗奔尼撒半岛的军官，其他人都对他避之唯恐不及。

对此批评声最大的是安纳托利亚西南部的爱奥尼亚国家。他们刚刚从波斯人的统治中独立出来，非常担心自己的国家会沦为斯巴达人的附属国。所以，他们将斯巴达的对抗势力雅典尊为盟主。

而斯巴达将保萨尼亚斯召回国，免去其职务，并把总指挥官的位置留给了雅典人。此后，雅典在希腊的权势大幅上升。

其中的一个表现就是"提洛同盟财务官"这一职位。在公元前478年，希波战争的最后一次重大冲突——普拉提亚战役胜利后，雅典主导成立了一个国家同盟，准备对抗波斯帝国的进一步入侵。因为同盟的总部——财务局设在爱琴海南部的提洛岛上，所以该同盟被称为"提洛同盟"。根据提洛同盟的条款，同盟国每年都要缴纳一笔税款来加强其军事能力。财务局负责收集和管理钱财，所有职位都由雅典人担任。

但是在斯巴达却出现了完全不同的情况。国有奴隶和半自由人（即比奴隶享有更多的自由，但没有市民权的原住民）揭竿起义，占据了山地。

为了镇压叛乱，斯巴达请求包括雅典在内的盟国提供援助。然而，前来支援的军队中，唯独雅典军队突然被解散并被赶了回去。这激怒了雅典人，于是他们撕毁了与斯巴达的同盟条约，由此也揭开了斯巴达主导的伯罗奔尼撒诸国组成的同盟与每年向雅典缴纳赋税的提洛同盟之间冲突的序幕。

民主制和寡头制的冲突也是穷人和富人的冲突

雅典人利用每年收取的税金来加强本国的军事力量。雅典政府对同盟的其他国家采取强硬态度，推行极端的征税政策，若他们叛变，还会出兵将其收为自身的附属国。雅典尤为看重海军力量的建设，因而其对地中海的制海权始终处于不可撼动的地位。

此外，正如希罗多德在《历史》中所称赞的那样，雅典是一个民主制国家，同时还向其盟国输出民主制，但他们所追求的并非现代意义上的民主制度。

因为打着"市民的解放者"的旗号，推翻传统的寡头政治，会带来大笔的财政收入。如果每年向雅典缴纳的巨额赋税要从国库中支付，那么这部分的资金来源将是税收。而缴纳税金的纳税人又是处于国家特权阶层的富人。在寡头政治中，他们可以借助政治权力拒绝纳税，然而在民主国家，来自民众的压力将迫使他们缴纳更多的税金。因此，对雅典来说，同盟国中民主国家越多，就能获取越多的财富，其国力也能得到大幅提升。

然而，富人阶层并非毫无行动，他们向雅典的对手斯巴达寻求帮助。斯巴达的盟友不需要每年缴纳赋税，因此他们希望建立一个遵循斯巴达政策的傀儡政权。

如此一来，希腊民族分成了两派：以雅典为首的民主派和以斯巴达为首的寡头派。然而，这更像是雅典和斯巴达在这两种制度下建立的傀儡政权。

这种情况给整个希腊蒙上了一层阴影：两个大国之间争夺霸权的激烈斗争，既是寡头制和民主制的冲突，也是富人和穷人之间的斗争。同时，盟国之间也爆发了内乱，这又是一场掠夺与被掠夺的消耗战。

伯里克利时代的到来

《伯罗奔尼撒战争史》第二卷介绍了雅典的一位政治家、将军伯里克利，正是他在位期间，雅典的民主制发展到了巅峰。在伯里克利崭露头角之前，雅典虽说是一个民主国家，但旧贵族仍然掌握着强大的政治权力。其中一大势力就是基蒙将军，他是提洛同盟的指挥官，在对抗波斯帝国的战役中立下战功，被尊为英雄。

斯巴达发生叛乱时，正是基蒙率领雅典军队赶去支援，但最终只有雅典军队被赶了回去。他原本就是顶着所有的反对意见率军赶往斯巴达的，所以这件事之后他就失势了。公元前461年，他因"陶片放逐制"（即通过投票，驱逐那些有可能成为僭主的人，从而防止僭主出现的一种制度。因以陶片作为选票而得名）被驱逐出国。

在这场动荡中，反对贵族的民主派势力大增，并成功地从贵族手中夺取了权力。伯里克利就是民主派的主要成员之一。公元前443年，他被选为将军，共在位15年，公元前429年退位。在此期间，他将贵族的权力转移到市民手中，大力推行民主制，使雅典迎来了鼎盛时期，这一时期也被称为"伯里克利时代"。

此时，波斯帝国的威胁日渐式微，伯里克利将提洛同盟的中心从提洛转移到了雅典，并开始将他每年收取的巨额赋税用于雅典国内的发展，至今仍屹立不倒的帕特农神庙就是其中最典型的例子，这无疑提高了雅典的权威，雅典市民的生活也因这一公共工程的修建而变得丰富起来。此外，这一举动也推动了雅典国内戏剧、雕塑等艺术和文化领域的发展。

图表 3-1　伯罗奔尼撒战争相关事件年表

年份	事件	动向
BC 431	进攻阿提卡	斯巴达（伯罗奔尼撒同盟）进攻阿提卡（提洛同盟）
BC 429	伯里克利逝世	雅典六分之一的市民在一场瘟疫中丧生，伯里克利也病逝了
BC 428	莱斯伯斯岛事件	岛上的诸多城市脱离雅典，寻求斯巴达的支持 克里昂崛起
BC 427	克基拉岛内战	岛上亲雅典派（民主派）和亲斯巴达派（寡头派）之间的冲突
BC 425	派娄斯－斯法克特里亚之战	雅典获胜，克里昂掌握大权
BC 423	修昔底德因陶片放逐制被驱逐	因色雷斯地区失守而被问责
BC 422	安菲波利斯之战	克里昂远征夺回安菲波利斯，但其被俘并被处决
BC 421	尼基阿斯和约	主张和平的尼基阿斯（雅典）和斯巴达国王普莱斯塔克斯之间缔结和约
BC 415	雅典军队远征西西里岛	目的是抑制斯巴达一方的城市锡拉库萨日益强大的势头。但其指挥官之一阿尔西比亚德却倒戈斯巴达一方
BC 404	雅典投降	伯罗奔尼撒战争结束

与此同时，提洛同盟的国家对雅典愈发不满，甚至一些国家脱离了同盟。另一方面，斯巴达则在背后支持这些国家。从公元前431年开始，以雅典为首的提洛同盟和以斯巴达为首的伯罗奔尼撒同盟诸国之间形成对立，最终爆发了波及整个古希腊世界的伯罗奔尼撒战争。

伯里克利的战略和死亡

对雅典日益强大的势力倍感警惕的斯巴达通过擅长的陆战方式发动了战争，入侵了雅典人所在的阿提卡地区，并蹂躏其领土以减少其农业产出。然而，斯巴达也是一个农业国家，需要在秋季时召回士兵收割农作物，因此他们决定每年都展开进攻，以便在长期化的战争中削弱雅典的国力。

雅典的领导者伯里克利让市民在城墙内避难，进行了一场关闭城门的战争。这是一番深思熟虑后的决定。一方面，他想避开与斯巴达人在其擅长的陆战中交手；另一方面，雅典的海军力量非常强大，他们可以通过从海上入侵伯罗奔尼撒并蹂躏沿海地区进行报复。而且，斯巴达不适合进行持久战，因为他们国内还存在国有奴隶和周边住民的问题。

此外，雅典通过提洛同盟每年缴纳的赋税积累财富，而包括斯巴达在内的伯罗奔尼撒同盟诸国则基本是各自独立的。换言之，因为经济实力存在巨大差距，雅典人在长期化的战争中肯定会占据优势地位。此外，即使被斯巴达破坏了农业用地，导致国内生产力下降，雅典也可以通过与地中海国家的贸易来弥补缺失，这种贸易策略也将给财政带来积极的影响。

然而，被困在城墙内的市民看到自己的农田被洗劫一空，逐渐对伯里克利心生埋怨。并且，此时城堡里暴发了一场瘟疫，许多市民接连病倒。见此情景，伯里克利向人们呼喊：

"市民们！不要觉得我们领导几个同盟国就够了，我希望我们把视野放宽，看向那些对人类有极大作用的海洋和陆地。在所有的海洋面前，我们都是无敌的王者……如果我们用现已拥有的所有海军装备征服海洋，无论是波斯国王还是当今世界上的任何一个人都无法阻止我们……与我们真正的财富相比，土地财富不过是一小部分，是小果园中的一棵果树，是有钱就可以买到的小东西。虽然我们暂时受到了损失，但是没必要痛苦。我们必须改变想法。如果我们能保存真正的实力，并捍卫自由直至迎来最后的胜利，我们就能轻易地重获失去的财产。然而，如果向其他国家俯首称臣，我们就可能失去我们全部的财产……"（选自《伯罗奔尼撒战争史》，中央公论新社经典，下同）

伯里克利是一个毫无私欲的清廉的政治家，他拥有卓越的智慧，广受市民的信任与拥护。因此，他总是按照自己的思想信条与方针来指引市民，而不是一味迎合市民的意愿。从上面这段话可以看出，他也是一位伟大的演说家。他的演讲格调很高，庄重而有说服力，至今仍被视为西方政治家的典范。

换言之，当时的雅典虽然把自己标榜为民主国家，但其实是由一位有德行、有智慧的杰出领导者来统治的。

然而，瘟疫的进一步蔓延，夺去了约六分之一市民的生命。伯里克利为此受到了越来越多的批评，最后被解除了将军一职。

然而，看到继任者的工作表现后，市民们意识到伯里克利是一位多么优秀的领导者，于是恢复了他的职务。伯里克利接受了职务，但后来他自己也染上了瘟疫，伯罗奔尼撒战争还未结束他就逝世了。这件事发生在战争爆发后的两年零六个月之际，即公元前429年。

在他之后出现的领导者都是平庸之辈。为了获得支持，他们奉承市民，做决策时还会受到市民的恣意左右。

结果，伯里克利原来制订的策略在执行中处处受挫。领导者一心追求自身的荣誉和利益，接连出台了一些削弱国家实力的政策，从而将国家推向了毁灭的深渊。

煽动者克里昂的出现

从第三卷开始，主要讲述伯里克利逝世后，雅典是如何在群众手中走向灭亡的。随着伯罗奔尼撒战争的进行，我们可以看到在民主的美名下，那些夸夸其谈但缺乏思想、远见或战略的领导者是如何带领一个国家逐渐走向衰落的。

伯里克利逝世后的第二年，即公元前428年，在安纳托利亚半岛西端的莱斯伯斯岛上发生了一个具有象征意义的事件。虽然该岛属于提洛同盟，但它并不在雅典的控制之下，是最后一个被承认有自治权的地区。

然而，岛上的各个城市纷纷脱离了雅典，并向与雅典交战的斯巴达请求支援。起初，正在遭受瘟疫的折磨，且已经在战争中耗尽精力的雅典试图通过谈判来解决这个问题，然而这一要求被拒绝了。随后雅典派出一支舰队进攻该地，并在公元前427年成功镇压了反叛。

令雅典人震惊的是，斯巴达人竟然入侵了爱琴海东端，在那里，雅典原本具有绝对优势的海军力量在捍守制海权。雅典人的怒火转向了策划叛乱的莱斯伯斯岛上主要城市米提列涅的市民，雅典市民大会决定对他们施以严厉的惩罚——处死所有成年男子，将所有妇女和儿童都收为奴隶。

然而，第二天出现了反对的声音，认为惩罚过于严厉，于是开始了第二次审判。政治家克里昂走上舞台。他也是一位伟大的演说家，在伯里克利死后崭露头角，但他并没有伯里克利那样的清廉正直和真知灼见。同时，他也是前几日宣布严惩政策的人。

克里昂是这样说的：

"我曾多次说过，民主主义无法统治他人。这次我们在处置米提列涅人时的优柔寡断，将民主的无能体现得淋漓尽致。我们在同胞之间和平地生活，并未察觉过他人的恶，所以各位也想对同盟国的国民采取同样的态度……各位没有意识到，这样做首先是把自己置于危险之中……他们之所以追随我们，并不是因为我们拿自身的安危来换取他们的幸福快乐。我们能得到统治权，并非民众的善意使然，而是由于我们在座的各位能力卓越，能够维持我们国家的存在。

"……但是，我们在座的各位都有责任，因为各位给这种卑鄙诡辩提供了空间……当善辩的人告诉我们这样那样的事件可能很快就会发生时，各位就会把它看成是真的。但事情发生后，我们却并不相信亲眼看到的，而是相信耳朵里听到的那些能言善辩的评论家说的话。而大脑被这种奇怪的逻辑侵蚀后，各位就成了容易被骗的冤大头……各位更像是一群围在演说家身边，被他们的华丽言辞所迷惑的观众，而不是评议国家存亡命运的国之重器。

"……最后，各位市民，让我们考虑一下各同盟国的反应……如果他们反叛成功了，他们就会获得自由，而即使失败了，他们也只会受到无关痛痒的处罚，如此一来，他们难道不会随随便便找借口起兵叛乱吗？

"……如果各位不希望这样，那就应该停止相信那些说辞。他们依靠辩论术和钱财来收买人心，扬言是人都会犯错，所以应该得到宽恕。也应该停止喋喋不休地替米提列涅人说情……一旦通过了对他们的量刑，就不应该再更改。要时刻牢记，怜悯、诡辩和宽恕是违背统治利益的三大敌人，绝不能让它们误导各位做出错误的判断……"

换言之，如果不以武力压制，同盟国就有可能再次发生叛乱，而对已经做出的决定还要再三更改，犹豫不决，正是民主主义的缺陷。但在这个案例中，最终还是顺从民意，撤销了极刑。

尽管如此，雅典对莱斯伯斯岛仍施行了严厉的战后处置措施。虽然只有受指控的头目被处决，但据估计，处决的人数也达到了1000人。米提列涅的城墙被拆毁，船只也被没收。

此外，除了没有参与叛乱活动的梅蒂姆内市，全岛被分为3000个区。其中300个作为神殿领域，其余的通过抽签提供给雅典市民。莱斯伯斯的许多居民地位被降为小农，必须向新来的雅典地主支付少量费用才能耕种土地并以此为生。

无论如何，克里昂是当时雅典最具代表性的政治家之一。这样的一个人出现在民主国家，得到一大批支持者的拥护，也意味着其他政治家的演说能力无法超越他。

后来，克里昂在伯罗奔尼撒战争的转折点上发挥了重要"作用"。毫不夸张地说，正是他的言行使国家在战争中陷入困境并最终灭亡。

从善到恶，改变了社会价值观的克基拉岛内战

第三卷中还描述了紧随莱斯伯斯事件之后发生的克基拉岛内战。

克基拉岛位于希腊西海岸爱奥尼亚群岛北端。在第一章介绍的荷马的《奥德赛》中，它被称为"斯凯利亚岛"。希腊将军奥德修斯在特洛伊战争中立下汗马功劳后，漂流至地中海，最终抵达了该岛。他被岛上的公主瑙西卡亚救起，并受到她父亲阿尔基诺斯国王的款待。10年后，阿尔基诺斯国王帮助他回到了故乡伊萨卡。

尽管这是一个很美好的故事，但《伯罗奔尼撒战争史》中描述的克基拉岛上的事件却让人不寒而栗。最初，该岛也属于提洛同盟，这意味着它遵循的是雅典制度，是一个民主国家。然而，岛上支持斯巴达寡头政治的市民不在少数。在斯巴达和雅典阵营之间的战争升级之后，岛上亲雅典派（民主派）和亲斯巴达派（寡头派）的竞争更加激烈，最终发生了暴力冲突。

有一次，寡头派起诉了雅典的政治家佩蒂亚斯，理由是他煽动市民归顺雅典。当然，这是让雅典政治也转向寡头制的一场计谋。然而，佩蒂亚斯被判无罪并转而起诉了他们，要求支付巨额赔偿。

对此，寡头派决定使用武力，他们手持匕首袭击了议会，杀死了大约60名议员代表和平民，其中也包括佩蒂亚斯。他们借此强行夺取了政权，并对民主派的市民施加压力。另一方面，民主派承诺即使是奴隶也要享有自由，从而争取到众多支持者，开始对寡头派进行反击。

随后，12艘战舰和500名全副武装的士兵从雅典赶来。军队的任

务是调解双方，结束内战，让他们重新回归雅典。

然而，斯巴达方面也有 60 艘战舰抵达，一场海战随之展开。起初，斯巴达占了上风，但有消息称又有 60 艘战舰从雅典驶向克基拉岛，斯巴达人为了避战退出了战斗。

这支雅典舰队抵达克基拉岛后，民主派在他们的支持下，花了 7 天时间彻底镇压和杀害了寡头派。其名义上是为了惩罚"反对民主派的阴谋"，但实际上，谋杀是出于各种原因随意进行的，包括个人恩怨、掠夺和债务等。有的杀戮方式极其残忍，比如把人砌在神殿的墙壁里。许多寡头派人士意识到自己没有希望活下去，便选择自杀了。

这一事件对整个希腊世界的影响是巨大的，许多地方都爆发了类似的内战。无论是民主派还是寡头派，只要站出来对对方使用武力，就能获得雅典和斯巴达军队的支持。这次事件开创了这样一个先例。

然而，这只会引起更强烈的仇恨和复仇情绪，战争手段也会变得更加残酷和暴虐。不用说，它吞噬了整个希腊世界。从这个角度而言，正如修昔底德在《伯罗奔尼撒战争史》中所说："它甚至改变了词语的含义。

"例如，不加思考的蛮勇被称为了党派利益的勇气，而考虑未来的犹豫不决则被视为懦夫的表现。沉着冷静是懦夫的借口，分析所有事情就是在所有事情上无为无策。相反，一时冲动的谋略才能增强男子气概，如果说会尽一切努力做到安全，则会被认为只是一个好听的回绝说辞。满腹牢骚的人被认为是最值得信赖的人，而反驳其说辞的人会受到怀疑。施展阴谋，就会被说成聪明人，要是对阴谋将计就计，则更是头脑精明。那些避开阴谋诡计，走光明大道的领导者会被指责为破坏党派团结，或者说他是受到了反对派的恐吓。

"总之，抢在别人前面作恶，或者将那些本不打算作恶的人引入歧途，都是值得称道的……"

图表 3-2　伯罗奔尼撒战争相关地图

换言之，希腊世界的价值观被改变了——善行被批判，恶行被赞美。最初，民主派宣扬政治平等，而寡头派的目标是建立一个由富人和权贵以温和、理智的方式领导国民的社会。两者体制不同，但对国家的公共利益都是竭尽所能，力求做到最好。然而此时，每一种政治制度都将私利私欲置于首位，"善"却被遗忘了。值得注意的是，当时的希腊并没有受到任何人的强迫，是自然而然地堕落成了这样一个社会。克基拉岛的悲惨事件提醒着今时今日的我们，当人类社会放弃善良和正义这一共同基础时，社会和国民将会陷入何种境地。

使克里昂变得傲慢的"派娄斯－斯法克特里亚之战"

第四卷详细描述了派娄斯－斯法克特里亚之战这一著名的海战。从这时起，人们踏上了寻求和平的旅途，却因为总是将美德和智慧置于贪婪和个人恩怨之后而屡遭挫折。

公元前 425 年，克基拉岛悲剧发生两年后，一支由雅典将军德摩斯梯尼率领的船队在一系列巧合之下，夺取了伯罗奔尼撒半岛西南部的派娄斯城，并将其作为战略要塞。该城市靠近斯巴达，是一处重要的军事基地。

这一举动让斯巴达人感觉受到了威胁，于是他们将舰队集中在派娄斯以南的斯法克特里亚岛上，以便夺回这座岛屿。然而，正当防守中的德摩斯梯尼阻止斯巴达人登陆时，雅典的增援部队赶到了，战局发生了逆转。雅典舰队包围了斯法克特里亚岛，使留在岛上的斯巴达军队与外界隔绝了。

斯巴达人判断自己没有胜算，于是向德摩斯梯尼请求停战，以拯救孤立无援的斯巴达士兵。德摩斯梯尼也希望避免一场毫无益处的战斗，于是允许一名斯巴达特使前往雅典。

但妨碍这次行动的正是前文中提到的政治家克里昂。他想充分借由己方的优势，向特使提出停战的条件，但最终并未谈拢。结果，派娄斯－斯法克特里亚岛上再次爆发战斗，但这一次是雅典处于窘迫的境地。重获自由的国有奴隶为斯法克特里亚岛上的斯巴达军队秘密带来了食物等其他供应品。另一方面，派娄斯的雅典军队本计划在短时间内迅速解决战斗，但缺少物资补给，就连饮用水也很难保证。

得知战况后，雅典方面出现了许多批评克里昂破坏休战协议的声音。但克里昂试图把责任转嫁到他的政敌尼基阿斯将军身上："如果将军是个男子汉，本可以带领军队轻易地征服斯法克特里亚岛。"

尼基阿斯也不甘示弱，他向克里昂反驳道："我把将军职位让给你，你带领舰队去斯法克特里亚岛怎么样？"毫无军事智慧和战斗经验的克里昂心虚了，但雅典人却非常支持这一提议，因为他们已经厌倦了克里昂的大话。如果远征失败，他的政治生涯就会终结；如果成功，派娄斯的雅典军队就会得到拯救。无论如何，这都不是一件坏事。

在这种无处可逃的情况下，克里昂别无选择，只能担任将军职务出征了。然而，在战场上，德摩斯梯尼的战略发挥了作用，雅典军队最终出乎意料地取得了胜利，在斯法克特里亚岛上俘虏了 120 名斯巴达人并凯旋。

自不用说，这件事使得克里昂的名气和权力大大增加，但这也意味着通往和平的道路还很漫长。斯巴达人多次要求雅典归还俘虏，但雅典每次都以各种附加条件为由，回绝斯巴达方的请求。

为了报复，斯巴达将军布拉西达斯入侵了雅典以北的波欧提亚，再往北进入色雷斯（巴尔干半岛东南），又征服了安菲波利斯城，这也是雅典的一个重要据点。然而，安菲波利斯城并不是布拉西达斯靠武力夺取的，而是他以和平的方式拿下的。因为克里昂的压迫统治和每年的征税负担，使安菲波利斯的市民怨声载道，所以他们都非常欢迎布拉西达斯的到来。

这里要提到的是，此时负责色雷斯防御任务的雅典将军是修昔底德。事后，他被指控对该地区的失守负有责任，并因陶片放逐制被驱逐出境。然而，这也使他有更充足的时间更加详细地记录战争的历史。

从这时起，雅典的势力就逐渐衰退了。

亡国的年轻政治家阿尔西比亚德的出现

在接下来的第五卷中，雅典正式开启了迈向和平的道路。

公元前422年，克里昂亲自率领一支大军想要夺回安菲波利斯，这场战役被称为安菲波利斯之战。然而，由于缺乏军事智慧和战争经验，他最终还是战败了，并且成为俘虏被处决。同时，布拉西达斯也在战斗中被杀。随着两方军队中主战者的战亡，休战的势头迅速蔓延开来。

第二年，即公元前421年，因克里昂之死而重获权力的和平主张者尼基阿斯与同样期盼和平的斯巴达国王普雷斯托阿纳克斯签订了条约，即"尼基阿斯和约"。其目的是将在战斗中夺取的领土归还给对方，并将秩序恢复到战前的状态。

然而，双方都没有归还占领的地区，局势依然紧张。该条约也成为一纸空文，各地接连爆发了战争。

此时，一位年轻的政治家在雅典受到瞩目，他就是阿尔西比亚德。他出生在一个贵族家庭，思维敏捷，善于辩论，并拥有十分美丽的容貌，被众多男男女女所倾慕。

他是尼基阿斯的政敌，也是一位战争倡导者。他利用自己的声望煽动鲁莽的战斗，这些行为最终招致了雅典的毁灭。这就是远征西西里岛的故事。后来，他自身的不检点行为也让他遭到了雅典全体市民的怨恨。

这里要提一下，阿尔西比亚德也是哲学家苏格拉底的学生，我们将在本书后面的内容中进行介绍。由于他的错误行为，苏格拉底被指控蛊惑青年，最终被判处死刑。

由阿尔西比亚德策划和煽动的西西里远征

第六卷和第七卷，详细描述了西西里远征的始末。

西西里岛上最初既有雅典人的殖民地，也有斯巴达人的殖民地。然而，在公元前424年，两个城市之间签署了一项和平条约，伯罗奔尼撒战争之事既往不咎。雅典人承认了这项条约，甚至撤回了他们的舰队。

然而，岛上各种冲突不断。雅典的主要顾虑是，岛上最大的城市锡拉库萨会扩大势力，最终驱逐雅典殖民的城市。因此，阿尔西比亚德提议远征西西里岛，并得到了绝大多数雅典人热烈的支持。

一直在推动和平的尼基阿斯不愿意开战，一个主要原因是雅典背后还有其他敌人，比如色雷斯，而且在地势广阔、距离遥远的西西里岛打一场仗，需要巨大的开支和舰队。另一个原因是这些军事行动会让斯巴达人的神经绷得更紧。

然而，雅典人被阿尔西比亚德的演说所鼓舞，他们决定解决尼基阿斯担忧之事，并支持组建一支彰显国家威望的大型舰队。这次远征于公元前415年发起，据估计动员了3万余人。

这次行动共任命了三位指挥官：阿尔西比亚德、老将拉马科斯和具有讽刺意味的尼基阿斯。在刚开始行军时，这种讽刺意味更加强烈。事实上，就在起航前，作为路标放置的赫尔墨斯雕像整个被毁。由于赫尔墨斯雕像是神圣的象征，按理说肇事者应被判处死刑。

嫌疑人之一是已经率军前往西西里岛的阿尔西比亚德，真相如何我们不得而知，但他被怀疑也是有依据的，因为他不择手段的行为一直让很多人怨声载道。雅典下令召见即将抵达西西里岛的阿尔西比亚德。

这激怒了阿尔西比亚德，他不服从命令，最终流亡到了斯巴达。在流亡中，他将雅典军队的弱点暴露给了斯巴达，因此迅速在斯巴达获得了一定的地位和信赖。这使得雅典军队只剩下两名指挥官。然而，拉马科斯也在战争初期被杀，仅留下最反对战争的尼基阿斯负责领导整个大军。此外，雅典在西西里岛的众多殖民城市也并不配合，胜利的希望从一开始就很渺茫。

阿尔西比亚德在斯巴达广受欢迎，但因与斯巴达王后私通而招致嫉恨，又流亡到了波斯帝国。公元前 411 年，西西里远征失败后，他回到了雅典军队，前 407 年，被提升为统领整个军队的将军。前 406 年，因其下属的不当行为，他多次被问责，并被流放到了色雷斯，后来又被流放到安纳托利亚半岛的弗里吉亚，最后在那里被人暗杀。

悲惨的西西里远征

抵达西西里岛后，雅典军队打了漂亮的第一仗，包围了锡拉库萨。然而，斯巴达援军应锡拉库萨的请求到来后，很快就扭转了局面。

而且，此时营地里蔓延着一种疾病，尼基阿斯自己也病倒了。由于没有扭转局势的希望，他向雅典发出了一封信，询问是撤军还是增援。尼基阿斯自己的意愿是撤军。

然而，雅典决定增援而非撤军，并且将几千人大军的管理权委托给了两位新的指挥官，其中一位是德摩斯梯尼，他曾参加过派娄斯－斯法克特里亚战役。

可就算军队中有这样一位勇猛的战士，也并不足以扭转颓势。德摩斯梯尼提议撤退，但这次尼基阿斯却犹豫了。不难想象，如果不顾雅典人的意愿就撤退，他将受到那些从未见过战场的雅典人的严厉批评，而在一个民主国家里，他也会因此受到严厉惩罚。与其遭受这样的耻辱，他决定抗战到底，哪怕在战场上孤军奋战，任由敌人宰割，对他来说也是一个更好的选择。事实证明，这种犹豫对雅典军队是致命一击。雅典人因疲劳和疾病而士气低落，锡拉库萨军队却想要歼灭敌人，他们在海上封锁了海湾，围困住舰队并发起了全面进攻。雅典人放弃了舰队，游到陆地上逃跑了，死伤的士兵都被丢在途中，但追上来的锡拉库萨军队封锁了道路并发起猛烈的进攻。尼基阿斯和德摩斯梯尼兵分两路逃跑，但都被堵住了去路，最后不得不投降。该事件发生在战争爆发的两年后，即公元前 413 年。

由于德摩斯梯尼是派娄斯－斯法克特里亚战役中的敌方指挥官，尼基阿斯又在推动和平的进程中鞠躬尽瘁，斯巴达人非常关注这两个人，于是告知锡拉库萨人，要把他们作为战俘带回国。

然而，锡拉库萨军队无视这一请求，处决了这两个人。据说战俘的数量达到了 7000 人，除了雅典人，其他人都被当作奴隶卖掉了，而雅典人则被留在了锡拉库萨郊区一个采石场的洼地里，其中大多数人由于饥饿和疾病最终葬身于此。

结果，雅典派出的象征国家威信的 3 万多人，几乎没有一个返回雅典，可以说是全军覆没。西西里远征就是这样一场凄惨而徒劳的战斗。

雅典成为一个小国，整个希腊都在马其顿的统治之下

在第八卷也就是最后一卷，描述了西西里远征后雅典的衰落情景。

不用说，全军覆没对雅典人来说是一个巨大的打击。然而，雅典又遭受了一系列的冲击。首先，提洛同盟诸国开始相继发生反叛活动。此外，斯巴达人还占领了雅典北部近郊的粮仓——德克雷亚。由此可见，雅典人不仅失去了军事力量，还失去了重要的金钱和食物来源。

这场危机之后，雅典开始探索政治体制的改革，从先前的民主制度改为寡头政治，即由 400 名有识之士组成"四百人议事会"，负责雅典日常事务，筛选出 5000 名"重装步兵阶级"的公民，组成"五千人大会"，以取代公民大会。随着阿尔西比亚德和波斯帝国的介入，小规模的战争仍持续不断。雅典军队虽然偶尔会取得胜利，但衰落和损耗的大势没有扭转。

《伯罗奔尼撒战争史》中对这段历史的记录可追溯至公元前 411 年，最终雅典在前 404 年投降，并受制于斯巴达。就这样，伯罗奔尼撒战争终于结束了。雅典国家虽然存在，但提洛同盟解散了，海军也不复存在，还丢失了所有的海外领土，从此便按照斯巴达的模式实行了 30 人的寡头政治。

然而，当时的希腊世界尚不稳定。在雅典，寡头统治下的恐怖政治激起了人们的不满，仅仅一年之后，该城市的寡头制就被瓦解并恢

复了民主制。希腊的动荡也促进了波斯帝国的崛起，得到支持的希腊诸国和斯巴达，以及有望重新崛起的雅典，形成了三足鼎立的局面。

虽然伯罗奔尼撒战争以及其后长达一个世纪的动荡削弱了各国的实力，但有一个国家没有参与战争，而是通过向希腊世界学习技术、文化和制度来不断积累和加强本国的实力。这就是位于希腊半岛北端边疆地区的马其顿王国。

公元前338年，马其顿与当时管控希腊中部的主要城市底比斯和雅典的联军作战并获胜。前337年，马其顿成立了一个联盟，除斯巴达外，所有希腊城邦都加入了这个联盟，马其顿担当盟主国。这个联盟被称为科林斯联盟，因为缔结地点位于连接希腊大陆和伯罗奔尼撒半岛的地峡附近的重要城市科林斯。这使得除斯巴达之外的几乎整个希腊世界都处于马其顿的统治之下。

直到公元前334年，著名的亚历山大三世（大帝）登上了历史舞台，开始了所谓的马其顿东征。他们甚至征服了强大的埃及和波斯帝国，建立了一个更加强大的帝国。通过这种方式，希腊的思想文化被传到了遥远的东方。希腊人借神话英雄赫楞（Hellen）的名字，称自己为"Hellenes"（赫楞之子），于是产生了"Hellenism"（希腊主义文明）的说法。

重读伯里克利的演讲

到目前为止，我们已经追溯了《伯罗奔尼撒战争史》中描述的伯罗奔尼撒战争的过程。雅典以民主来标榜自己的衰落史，也是一条走向众愚道路的历史。一个没有见识的领导者，被权力和荣誉的欲望蒙蔽，为了满足这种欲望，谄媚和煽动国民，把重要政策的决定权恣意交给国民，因此，国家必然会走向衰落。

我们回到本章前半部分提到的伯里克利。他是一位带领雅典人走向鼎盛时期的将军，在战争爆发后，他理智冷静地应对战况，并且尽力寻求获胜的战机，这与本章后面提到的政治家和士兵形成鲜明对比。修昔底德对伯里克利的评价如下：

"伯里克利是一个备受世人尊敬的人，他见识高超，能力卓越，在金钱上的廉洁不容置疑。他毫无畏惧地统治着民众，并且总是按照自己的原则而不是根据民众的意愿来治理国家。"

下面发生的事验证了上述评价。战争爆发后的第二年，即公元前430年，伯里克利在为战争死难者举行的追悼会上发表了讲话。这段讲话被认为是史上最著名的颂扬民主制的演讲，至今仍被西方国家的政治家作为演讲的范本。

这段演讲内容非常长，本章只选取一部分进行介绍。

"我们的政体不应遵循其他国家的制度。我们不应追随他国的理想，而应作为他国的榜样。排除少数人的垄断，保护多数人的公平正义，这就是民主政治。在我们国家，如果个人之间出现纠纷，法律允许所有人都拥有平等的发言权。但是，如果人们知道某个人才华横溢，就会摒弃平等的轮流制，根据这个人在世人眼中的能力给予其较高的公共职位。即使出身贫穷，只要有能力造福国家，就绝不会因为贫穷而埋没其能力。我们用完全自由的方式为公共利益出一份力，我们每天都过着自由的生活，不用担心互相的猜疑。如果我们的邻居想寻欢作乐一番，我们不会因此而感到不快，也不会对他们做出那些虽然不会给他们带来任何实质性的伤害，但会让他们心有不快的冷眼相待的行为……但当涉及公共事务时，我们对违反法律的任何行为都深感羞耻和恐惧。人将服从时任政府的政治规约，尊重法律，特别是遵从那些能够帮助受侵害者的法令制度，以及唤醒所有人廉耻之心的不成文的道德习惯……我们喜爱质朴中的美，喜爱知性而不柔弱。我们把追求财富作为我们行为的目标，但并不因此得意忘形。我们不为自身的贫穷而感到羞耻，但我们会为没有努力摆脱贫穷而深感羞耻。

"……总而言之，我相信我们整个国家正是希腊应追求的理想样态，我们每个人作为市民都熟知广泛的生产活动，拥有自由人的品味，知性又成熟。这并非仅仅是夸夸其谈的空言，而是一个事实，这一点在我们依靠自身的力量建立起国家的实力中得到了充分的证明。因为在诸多强国中，只有我国经受住了考验，取得了比名声更大的成绩；也只有我国，连我们的手下败将也对我们心存敬畏，没有丝毫怨恨；甚至附属国也称赞我国作为盟主国的美德，没有任何微词。我国用这样伟大的政绩，向世界展示了实力，不仅在今天，在未来的后世，都会一直得到人们的褒扬……"

演讲的前半部分阐述了民主主义和民主社会的理念，时至今日也值得学习。以所有人的自由和公平为前提的平等，不是结果平等，而是机会平等，每个人都要站在自己的岗位上为公众服务。演讲还指出，我们要遵守规则来维持秩序，在摆脱贫困的过程中要主动付出努力，这些内容在当下社会也是非常有意义的。

在后半部分，伯里克利认为，每个市民的爱美与爱智之心、对品性的保持是民族美德的关键，是一个国家的真正国力所在。如果我们带着对伯罗奔尼撒战争爆发后雅典衰落的认识和思考再来读这段话，这个城市在战争后不到 30 年的时间里就在众愚中衰落，我们可以更清楚地看到政治领导者深重的罪孽。

在这种激烈的争论中，逐渐出现了认真思考"德"与"善"真正含义的人。其中的代表人物就是苏格拉底，他的学生柏拉图，及柏拉图的学生亚里士多德。他们的思考催生了我们今天称之为"哲学"的学科。

例如，这三个人分别提出了以下论点：

"正义并非强者的利益。"（苏格拉底）

"为何不培养德行和理性兼备的真正意义上的领导者？"（柏拉图）

"政治革命不仅仅是富人和穷人之间的斗争。"（亚里士多德）

毫无疑问，所有这些阐述都基于伯罗奔尼撒战争。本书下一章，将详细解释每一句话所指的具体内容。这将有助于我们理解为什么他们的思想能够从文艺复兴时期一直被人传诵至今，以及为什么他们的思想在现代社会仍被视为西方精英教育的基石。

第4章

柏拉图《理想国》中的理想主义

《雅典学园》的意义

在梵蒂冈城的天主教会中心——罗马教廷里，有一个叫"署名室"的房间。顾名思义，这是教皇签署重要文件和举行会议的地点，是教会最神圣的地方之一。

房间的四面墙上挂着四幅意大利文艺复兴时期画家拉斐尔·桑蒂的壁画，主题是"基督教与希腊哲学的融合"。其中一幅壁画是著名的《雅典学园》，这幅画创作于1509年到1510年，当时拉斐尔正服务于教皇朱利叶斯二世。

图表 4-1　《雅典学园》

虽然拉斐尔本人并没有说过，但据说画中的每个人物都有一个原型，可以说是用了一种非常有意义的方式，将古代哲学家比拟为同一时期的艺术家来呈现的。

对此有很多不同的说法。例如，前排中央比拟为米开朗琪罗的是赫拉克利特（古希腊哲学家），而他的右边是第欧根尼（古希腊哲学家），再右边是琐罗亚斯德（琐罗亚斯德教的创始人）和托勒密（罗马帝国时期的哲学家）。据说在这些人物中间，还描绘了拉斐尔本人。前排左侧是毕达哥拉斯。除此以外，画面中的众多其他人物则是音乐家、律师、诗人、医生等专家和技术人员。

有两个人被所有人包围着，站在整幅画作的中心，看起来正在进行对话。左边是比拟为列奥纳多·达·芬奇的柏拉图，右边是亚里士多德。柏拉图左手拿着《蒂迈欧篇》，亚里士多德左手拿着《尼各马可伦理学》。这两部作品的主题都是"什么是高尚的人类心理（灵魂）"。

画中还有一处设计颇为巧妙。站在左边的柏拉图右手食指指向天空，而画中左上方的背景是希腊神阿波罗的雕像；站在右边的亚里士多德右手食指指向地面，而画中右上方是变成罗马女神密涅瓦模样的希腊女神雅典娜的雕像。这部分的设计也有其意义。

正如我们稍后将会讲到的，柏拉图设想了一个理想的世界，即"理念"（idea），在其中可以找到真理。另一方面，亚里士多德强调了日常生活经验和习惯的重要性，认为应该从中寻求真理。画中他们一人指天一人指地，象征的正是这个意义。

左边的阿波罗被称为预言、治疗、音乐和诗歌之神，与柏拉图的世界观接近，在他的下方则是体现这种世界观的技术人员和哲学家们。而右边的密涅瓦或者说雅典娜，是象征智慧、工艺和战略的女神，更接近亚里士多德的世界观，在她的下方便是体现对应世界观的技术人员和哲学家们。

换言之，《雅典学园》这幅画中以居于中间的柏拉图和亚里士多德为界，可以分为左右两派。这幅宏伟的画作表明，在文艺复兴时期，起源于柏拉图和亚里士多德的希腊哲学对基督教社会的渗透和深远影响。

柏拉图、亚里士多德和他们的老师苏格拉底所处的时代，正是伯罗奔尼撒战争后雅典不断走向衰退、没落的时期。在社会一片混乱的状态下，人们在寻找应该如何生存、国家应如何建立的答案。正是这些智者，试图用知识的武器来回答这些问题。这也就是为什么在持续了1800多年"黑暗时代"的中世纪欧洲，他们被人们奉为真理的传播者。

那么，这些智者具有怎样的世界观呢？让我们从柏拉图的著作开始，探究他们的哲学思想。

苏格拉底为什么被处决？

随着公元前443年伯里克利将军的上台，雅典进入了民主的全盛时期。提洛同盟缴纳的巨额资金不仅用来加强军事力量，还用于推进学术和艺术的振兴与发展。

在民主制社会，只要有能力，各种出身和地位的人都会受到重视。因此，对自身的智慧和才能抱有信心的人从希腊各地聚集到这座城市。特别是在学术领域，拥有丰富知识并且能言善辩的人层出不穷。他们被称为"诡辩家"（sophist，意为有智慧的人），以当市民的家庭教师来谋生。

而挡住他们这条路的是来自雅典的苏格拉底。有一天，苏格拉底的一个熟人去拜访了《历史》中描述的德尔斐神谕殿，神告诉他"没有比苏格拉底更智慧的人"。苏格拉底对此感到很惊讶，为了反驳这一点，他去找了几个著名的"诡辩家"，并进行了问答。

结果，他发现这些诡辩家在某些领域是专家，但在其他领域则不是，但他们却自认为对所有领域都很了解，或者假装自己很了解。所以苏格拉底意识到，他比那些自以为知道其实并不知道的人更智慧，因为他能意识到他不知道的东西就是不知道。从那时起，他就热衷于鼓励诡辩家、政治家、诗人和其他"智者"通过提问和回答的方式，来了解自己的无知。

苏格拉底的言行尤其受到年轻人的欢迎。但是，由于智者们的威信和声誉受到了损害，他也遭到了智者们的憎恨。

与此同时，在苏格拉底40岁时，伯罗奔尼撒战争爆发了，雅典的局势不断恶化。正如我们在上一章中所讲的，伯里克利死后，出现了一些目光短浅、以一己私欲为先的政治领导者，各种决策导致了国家的进一步衰落。苏格拉底的弟子之一阿尔西比亚德于公元前415年领导了西西里远征，但在战斗前不久投奔了斯巴达，这也加剧了雅典社会对苏格拉底的非难与攻击。

公元前404年，雅典战败，斯巴达人控制了雅典，"三十人政权"的寡头制取代了雅典的民主制度。然而，寡头的恐怖统治激起了人们的不满，仅仅一年后，政府就解散了，国家恢复了民主制度。因为"三十人"中的一些主要成员是苏格拉底的门徒，所以苏格拉底也受到了谴责。

公元前 399 年，苏格拉底受到审判并被判处死刑。审判的故事在柏拉图的《苏格拉底的申辩》中有详细讲述。

哲学的开端

苏格拉底没有任何著作，是他的学生柏拉图写了许多以苏格拉底为主角的作品，把他的思想和事迹传给了后人。

柏拉图生于公元前 427 年，就在伯罗奔尼撒战争爆发后不久，比苏格拉底小 40 岁左右。他年轻时曾有过成为政治家的愿望，但亲身经历了国家衰落、"三十人政权"的上台与解散，以及他的老师苏格拉底被处决等一系列事情，他远离了现实世界，以哲人（filosofo，意为爱智慧的人）的身份进入哲学思想世界。这就是哲学的开端。

柏拉图思想的基础被称为"理念论"。理念是存在于天国的绝对善和绝对美的世界，是一种乌托邦世界。它是眼睛所看不见的，这也说明了我们看到的现实世界只是理念世界的一个劣等复刻品。

另外，包括我们自身在内的所有事物，都有一个智慧的"灵魂"（Psyche），这个灵魂知道理念的存在，并有寻求理念的欲望（Eros）。我们都认为洁净比不洁净要好，行善和正义比作恶和不公要好。但在现实世界中，这些却很容易被人们遗忘和丢弃。而问答、艺术、数学、几何学等知识，可以时刻提醒我们这种理念的存在。

我们在本章开头提到的《雅典学园》这幅画中，柏拉图的姿势就是这种理念论的缩影。他右手的食指指向天空，表明了天国中的理念世界；左手拿着他的晚期作品《蒂迈欧篇》，在这部作品中，他把理念论进一步发展成了宇宙论和天体创造的理论。柏拉图想告诉我们的是，我们的灵魂存在于壮阔的宇宙中。

从现代科学的角度来看，这些想法可能显得"不科学"。然而，据说这个宏伟的思想甚至影响了被视为《旧约》精神内核的"创世记"的世界观。犹太教、基督教和伊斯兰教由此诞生，给后来的世界和人类文明留下了不可磨灭的痕迹。

寻找理想的国家和领袖形象

如果说《蒂迈欧篇》是将理念与宇宙和自然科学联系起来的一部作品，那么《理想国》则是一部能让我们看到这种世界观的建立过程的作品。这本书写于柏拉图 50 岁的时候，是他之前所有思想的集大成之作，其中也提到了对独特的灵魂和教育的看法。

正如标题所示，这本书是对理想国家形态的一种展望。如前所述，在他的老师苏格拉底被处决后，柏拉图对现实政治状况感到非常失望。这就是为什么他要从理念的角度来阐述应该建立什么样的政治制度以及如何使之成为可能。

与柏拉图的许多著作一样，《理想国》也是以第一人称的对话形式写成的，主人公苏格拉底以"我"的身份出现。换言之，对话内容是以苏格拉底的思想为基础，并加上柏拉图自己的解释。由于这种双重结构，有时很难分辨观点出自哪一方。因为一些场景下的对话内容是基于当时的时代背景和社会常识的，所以若不了解这些背景，会无法理解这些对话。这也是柏拉图的作品难以理解的原因之一。

《理想国》以"什么是正义"这一提问开篇，然后开始讨论国家的守卫人和统治者的素质和教育，哲学家统治下的理想国家论，哲学教育的最高成就——善，以及哲学带来的幸福等内容。

柏拉图在 40 岁时（公元前 387 年）创立了阿卡德米学院。在教授算术、几何、天文学等科目之外，学院还设置了哲学课程，目的是培养理想的统治者。据说柏拉图写《理想国》这部作品，就是为了使这一教育政策有所成就。

阿卡德米学院在近 900 年的时间里一直是哲学教育的中心学府，直到 529 年东罗马帝国皇帝查士丁尼一世下令关闭了所有非基督教学校。但时至今日，"academy""Academica"等词在欧洲仍然常被用来指代高等院校和教育机构。这两个词都源自"阿卡德米"。

人类的幸福是理性战胜欲望

接下来将介绍《理想国》一书的内容。这是一本巨著，共十卷，本书很难涵盖全部内容。该著作虽然语言平实，但因为是对话形式，有些部分让人感觉难以把握论点。

其实，不只是《理想国》，阅读柏拉图的众多作品时，与其一字一句细细品读，倒不如像看戏剧一样，通过听读的方式，可能更容易理解柏拉图的观点。虽然我们不理解柏拉图这样做的本意，但如果这种对话形式是他有意选择的，我只能由衷地向他表示敬佩了。

先大致介绍一下《理想国》的主要内容。第一卷是对整本书所提问题的总体介绍。通过阅读这部分介绍，可以很好地了解整本书想要表达的内容。

如果用戏剧形式来说，第一卷可以分为三幕。第一幕的主题是"幸福的人生是什么"。

最开始登场的是一个名叫克法洛斯的老人。当其他老人为失去青春而感到悲伤的时候，他却觉得很平静、很幸福。接着，他讲述了一位老作家的故事。当这位老作家被问及是否还在享受情欲的时候，他回答道：

"快别问了，我最高兴的就是，我终于从那里逃出来了。就好像我终于从一个狂暴而凶残的暴君手中逃脱了一样。"（《理想国》，岩波文库，下同）。

克法洛斯认为这是一句至理名言，并告诉其他人，他也有同样的想法。他紧接着又提到，无论一个人是老人还是年轻人，幸福都取决于他的性格。人既有欲望也有理性，但只有当理性战胜欲望时，一个人才能获得幸福。这个观点也是隐秘地贯穿于全书始终的一个理念。

接下来，主题转向了"正义对个人意味着什么"。这时，苏格拉底对"对朋友做好事、对敌人做坏事是正义的"这一论断进行了一系列的反驳。

举个例子，对医生来说，治好朋友的病，却让敌人患病，这是正义的，但同时也是一种犯罪行为。而且，普通人经常会分不清敌和友。如果我们按照这一原则行使了正义，反而会对我们真正的朋友造成伤害。即使我们已经确定了绝对的朋友和绝对的敌人，伤害他人也是正义所不允许的行为，因为这种行为会创造仇恨和冲突，成为不正义的温床。

什么是国家的正义（一）——追求当权者的利益

第二幕，诡辩家色拉叙马霍斯登场了。这是一场无关个人正义，而关乎国家正义的辩论。

色拉叙马霍斯被苏格拉底的委婉论断惹恼了，他争辩说：

"听着！我认为，只有符合强者利益的事情才是正确的……为什么没有赞美？没有赞美的心情了吗？"

色拉叙马霍斯认为，所谓正义是强者的逻辑。符合强者利益的东西被纳入国政，使其成为法律，并强制执行。那些违反法律的人则是违法者和罪犯，并将受到惩罚。

为了说明这一点，他举了曾经领导雅典的僭主政府的例子。以庇西特拉图家族为首的僭主利用贵族和平民之间的冲突夺取了权力，为了维护统治根基，最后成了实行压迫统治的独裁者。

之后，雅典人驱逐了僭主，并且为了防止其卷土重来，实行了"陶片放逐制"。从下面的论述中，我们可以想象出当时的市民对滥用权力的僭主有多么深恶痛绝。

"但是，如果你思考一下什么是最严重的不正义，那么你将很容易理解我接下来所说的话。最严重的不正义是让做不正义之事的人最幸福，而让受害的人和无意做不正义之事的人最痛苦。这正是独裁僭主的做法……

"如果这样的行为是不同的人一个一个单独做的，那么当罪行被发现时，他们将会受到非常大的惩罚和谴责。事实上，寺庙强盗、绑架犯、破坏商店的人、诈欺犯和盗窃犯都是以小规模方式犯下一种或多种恶行的人。

"然而，一旦有一个人把所有国民的财产都搜刮走，并且使所有人都成为奴隶，这个人却不会被冠以上述那些不光彩的名字，而被认为是幸福的人或受到祝福的人……

"人们谴责不正义，并不是因为不正义被施加在别人身上，而是因为他们害怕自己遭遇不正义的对待。

"就是像这样，苏格拉底啊，不正义一旦以充分的方式得以实现，就会比正义更有力量，更自由，更有权威性……"

色拉叙马霍斯的观点在今天仍然具有现实意义。许多人因为痴迷于自己的地位，往往无视不正义之事，中饱私囊，为自己获取巨大的利益。那些当权者常常声称，他们的不正义行为是正确的、正义的，同时他们又将那些真正主张正义的人视为眼中钉肉中刺而加以无情的压制。这种情况在包括职场和学校在内的各种组织中都有不同程度的体现。

在伯罗奔尼撒战争爆发以及伯里克利将军去世之后，雅典出现了一系列领导者，他们都认为自己的不正义行为是正义的。我们在上一章中看到，这些后来上台的领导者是如何使国家陷入战争的泥潭，不仅付出了巨大的牺牲，还把国家带入生死存亡的危机中。正是由于这一事实，色拉叙马霍斯认为，当权者很容易扭曲规则。

换言之，《理想国》中提到的"正确"和"正义"与当权者的能力密切相关。它并非像佛教中所谓的八种实用德行——"八正道"那样，是救赎灵魂的一种手段。正如色拉叙马霍斯明确指出的，正义之人登上至高权力的宝座才是真正的正义。

什么是国家的正义（二）——为被统治者带来利益

色拉叙马霍斯和苏格拉底进行了反复的问答辩论。

"难道你没有意识到，我们就统治地位进行思考的话，没有人自愿同意担任统治者的职位，而是都要求得到相应的报酬？这难道不意味着，人们认为从统治职位中受益的从来不是他们自己，而是那些被统治的人？

"那么，请回答以下问题——我们一直在区分不同的技术，不就是根据这些技术的不同功能吗？现在，我希望你能告诉我你的真实想法。否则，任何事情都不会得到解决。"

苏格拉底说道，每一种职业，无论是医生、工匠、商人还是船工，都有一套固有的技术，都有擅长和不擅长的地方。这些技术不是服务于自己，而是服务于其他需要这些技术的人。由于他们的劳动付出，他们有权获得报酬。

同样，那些当权者也是如此。如果他们作为统治者得到了报酬，那是因为那些被他们统治的人为他们的统治技术买单。也就是说，技术不是服务于自己，而是服务于被统治者。

因此，如果一个统治者根本不具有统治者的技术，却只想得到统治者的报酬，人们会怎么想他呢？显然，会认为这是不正义之人。

也就是说，正义是为被统治者的利益服务，而不是为统治者的利益服务。然而，在现实中有一些不正义的统治者，把别人玩弄于股掌之中，随意支配，并从他们身上榨取不正义的利益。所以问题是：这

幸福与正义	**不正义、不和、仇恨**
1. 幸福的人生（个人）	1. 内在的不和（个人）
2. 国家层面的正义	2. 内在的不和（国家），导致仇恨不断发酵，共同体无法存续
3. 精神世界的祥和	3. 不正义会侵蚀那些受侵害者的精神世界

摘自柏拉图《理想国》，第四卷，第一节

整个国家应该尽可能地幸福。一个充满幸福的国家会找到正义；而一个治理糟糕的国家只能找到不正义。

要点

柏拉图最大的成就是借苏格拉底之口，阐述了国家幸福与个人幸福之间的调和与协同作用。两者缺一不可，让个人和国家都幸福是善政，而为了某个人或群体的利益让其他人陷入不幸则是恶政。后来，亚里士多德完善了他的老师柏拉图的这一主张。他们论述了"国家和个人都得到幸福"这一伟大的哲学命题，其理念的中心主题是人类社会的最高善。在《雅典学园》这幅画中，象征"哲学"的二人处于中心位置，其左右两侧则是一系列的专业技术人员。这幅画也展现了后世西方社会的价值体系和知识界的等级制度。

些统治者真的很强大吗，他们能长期处于统治者之位吗？

苏格拉底这样问道：

"……请你接着回答我下面的问题——如果一个国家，或一支军队，或一伙强盗，或一帮小偷，或任何其他的一些什么人，想要做坏事，如果这些人合起伙来做这件坏事，是否能做成？"

当色拉叙马霍斯回答"不能"时，苏格拉底继续说道：

"也就是说，色拉叙马霍斯，因为不正义在我们之间制造的是不和谐、仇恨和战争，而正义则创造出团结和友爱。不是吗？

"……如果所谓的不正义之举，是一种无论在哪里都会产生仇恨的东西，那么无论是在自由人内部还是在奴隶内部，它都会使人们相互仇恨、相互争斗，从而无法团结起来做任何事情。"

换言之，不正义是没有生命力的，也不会持久；相反，正义才会使国家繁荣昌盛，生生不息。

灵魂的运作决定正义和不正义

第三幕，即在第一卷的末尾提到了人的灵魂。文章论述了人们无法在不正义的基础上团结合作，还论述了这也会导致个人内心的不和谐。

"而且，我认为，在每个人的内心，不正义也发挥着同样的功能：因为遭遇不正义会打乱人内心的和谐状态，意念不一使人无法做事，还会使人与自己、与正义为敌，是这样吧？"

然后，他继续说道，人们具备的美德和恶习归根到底都是灵魂的运作结果。

"灵魂起到的一些作用是其他东西无法做到的。比如关心、支配、思考，以及所有类似的事情。除了灵魂，还有什么东西也能做到这些事情、发挥这些作用？"

换言之，人类生存的动力都来自灵魂。当灵魂与美德结合时，就会做善事；而与恶结合时，就会做恶事。

"低劣的灵魂总是支配和关注着低劣的行为，而高尚的灵魂则会做出善行。"

这些是柏拉图哲学的基础："正义和善行与合作和友爱相结合，会越来越强固，而不正义和邪恶只会引起仇恨和争斗，并加剧事态的恶化。这一切都取决于灵魂的运作，即取决于自己内心的想法。"

在第四卷的开头，有以下论述：

"（国家建设的目的）应该是使整个国家尽可能地幸福。因为只有在这样的国家里，我们才能更好地找到正义，而在糟糕的治理状态下，我们只能发现不正义的现象。"

在一个充满正义的国家里，人们能够以美好的灵魂来生存，每个人都能得到幸福。一个由幸福的人组成的国家不可能不幸福。这也会使国家正义的力量变得更加强大。这种能够带来国家和个人幸福的良性循环的国家状态，是《理想国》想要表达的主要观点。

国家也有灵魂

把第二卷之后的内容视为对第一卷内容的进一步阐述，会更容易理解。

讨论的主题是如何将"高尚灵魂的运作"引入国家的管理运营，并对培养高尚灵魂的教育和统治者的理想形象进行了具体讨论。

从今天的观点来看，其中有些论点难免牵强。思想教育的彻底性就是一个例子。比如具有代表性的荷马诗歌，应该是希腊文化的一个组成部分。然而，《理想国》认为诗歌的娱乐性会玷污灵魂，因而主张限制诗歌教育。

不难想象，雅典在伯罗奔尼撒战争中惨败后，致力于将国家重建为一个军事强国。因此，书中的观点体现了极权主义意识形态下浓厚的中央集权思想。这类似于德国，在第一次世界大战中失败后，随着希特勒的上台，德国逐渐成为一个极权主义国家。

书中还指出，理性的哲学家应该是国家的统治者（守卫者），但他们不应该拥有任何私有财产。得到治理国家的权力就像从上帝那里得到神圣的金银一样，本身就是一种至高的荣誉，所以不需要收取人类世界肮脏的金银财富。

不仅如此，书中还坚持认为，高尚优秀的人之间应该共有妻子和孩子。这是所谓优生学思想的前身，但这与现代人的想法相去甚远。所有这些思想都可以看作为了更好地实现灵魂运作而设想的一系列措施。

另一方面，柏拉图思想的影响到了现代也没有消退，因为他能够用"灵魂"这一看似神秘的概念，对"善""恶""正义"与"不正义"等普遍主题进行有说服力的论证，而且不仅仅停留在个人内心层面的问题上，还进一步将视角延伸到社会、国家，甚至整个宇宙，可以说正是这种宏大的世界观，使该书长期以来广为流传。

之后一直到第二卷和第三卷，阐述的都是苏格拉底的思想观念，到了作品的后半部分，开始体现出柏拉图自己的观点。

教育不是给人视力，而是改变视界

在第六卷和第七卷中，具体展开理念论和教育论的内容。如前所述，理念是一种乌托邦的设想。

根据柏拉图的观点，善的理念可以比作能照亮一切的太阳之光。正因为有了这种光，人类才能看到东西。正因为可以看到东西，人们才会热爱友爱与团结，尊重正义并时常行善。

但是，如果这道光消失了，或被什么东西挡住了，那会发生什么呢？在黑暗的阴影中，人们的双眼被蒙蔽了，也就丧失了友爱与团结，从而产生纷争，不正义之事开始大行其道。

事实上，这道光并不直接照耀着人类社会。这一点在第七卷的开头部分用洞穴隐喻作了解释。

人就像生活在山洞深处的囚犯，手脚被捆绑，只被允许看向洞穴深处。在他身后是一个低矮的屏风，再往后是一束火把。屏风上在表演人和动物的影子戏，影子被投射在后面的洞壁上，被捆着的人相信这就是世界的全部。这就是人类世界。因为很少有光照射进来，所以不公正的现象比比皆是。

柏拉图认为，这个时候就体现出了教育的作用。当我们中的一个人获得解放，走出山洞，暴露在阳光下时，强光一定会让他感到痛苦。但随着逐渐习惯这个环境，他开始意识到这才是真正的世界，是善的理念，而他在洞壁上看到的不过是一个幻觉。他很高兴能处于光明之中，同时又十分怜悯留在洞穴中的同伴。

于是他回到山洞，试图把同伴解救出来。然而，由于突然的黑暗，他无法看清里面的情况。同伴们见状都来取笑他，认为他不应该出去，因为山洞就是整个世界。如果强行将同伴们带出来，他可能会被杀死。

尽管如此，他决定留在原地，坚持不懈地教育同伴们并让他们了解外部世界。这意味着要使仍在看向洞穴深处的同伴们转过身来，让他们意识到火把和洞外阳光的存在。我们的同伴，既然身为人类，就能感知到我们所说的话的真意，这就是所谓的教育。

"所谓教育，并非像某些人所宣扬的那样。他们宣称，因为人的灵魂中没有知识，所以他们要将知识灌输到人们的灵魂中，这种观点类似于我们从外部把视力放到盲人的眼睛里。

"但是，我们现在的讨论表明……我们每个人所拥有的获取真理的能力，和在这种能力下认知世界的各个器官，从一开始就存在于每个人的灵魂中，只不过就像全身不一起转动的话，眼睛就无法从黑暗转向光明一样，要将这种能力和认知世界的器官随着整个灵魂一起从轮回世界转向现实世界，直到能在这个现实世界中看到最光辉的存在，教育就是要一直引导和培养人的这种能力。在我们看来，那个最光辉耀眼的东西不是别的，正是善。难道不是这样吗？

"所谓教育，其实就是思考怎样最温和、最有效地实现器官转向的一种技巧。它不是从外部将视力植入器官的技巧，因为视力本就存在于器官中，只是视力所看的方向不正确，没有看向应该看的方向，所以就需要教育技巧来纠正这种错误。"

换言之，柏拉图教育理论的精髓在于寻求真理。这种教育理念不仅给阿卡德米学院的创办带来了启发，也给大约 1500 年后文艺复兴时期西欧大学的建立带来了较大影响。人文教育正是起源于此。

应该如何培养"救世主"？

第一个走出山洞并暴露在阳光下，而后又返回山洞的人无疑是人类的"救世主"。这种行为的原动力是"善的理念"下的"善的灵魂"。

那么，这样一个救世主的美好灵魂如何才能培养出来？根据柏拉图的说法，善的理念存在于另一个维度，不容易用感官理解。这就如同人眼看不到构成所有物质的原子。

因此，通过理性看问题是至关重要的。理解善就像理解物理现象的逻辑一样。一般来说，通过一些公式计算后，看似难以理解的现象最终都能被解答。从这个过程中得到的就是智慧。

也就是说，为了认识善，我们需要了解如何掌握"理"，而不是仅仅停留在感官世界。柏拉图认为理的基础正是数学、几何学、天文学、音乐理论等。

"也就是说，天空中的各种图案（星星），是眼睛看得见的镶嵌在天空中的装饰物，并被视为所有此类可见的事物中最美丽、最准确的，但与真实的实物相比，还是有着天壤之别。所谓真实的实物，就是真实存在的快慢，在真实数量与所有真实形式的相互关系中运行，并在运行中，带动内在事物的运动。这些只能通过理性（logos，逻各斯）和思想来感知，而无法通过视觉看见。"

诚然，如果只是纯粹地抬头看星星，我们会认为这是本来就应该有的星星。但如果有天文学和天体物理学的知识，就会以一种截然不同的方式来看星星，就会有不一样的发现和感动。

此外，柏拉图还主张把"哲学问答法"作为探究看不见的世界的一种思考技巧。

"……如果人们通过哲学对话和问答，不依靠任何感官，只依靠言论（理），并努力将思维延伸到尽头，直到仅通过理性思维直接掌握了真正的善本身，那么就达到了终极的思维世界（可知世界）。"

这种问答法并非一种特殊的思考方式，而是苏格拉底在柏拉图的著作中一贯奉行的方法。换言之，苏格拉底所做的始终是通过对话寻求真理，推行教育。

什么是最理想的国家制度？

第八卷将国家制度分为了五种类型，并对每一种类型展开了详细讨论。

第一种，书中指出，最理想的国家制度是贤人统治，即国家由一个拥有美好灵魂、爱智慧和探求真理的哲学家来统治。这种国家制度可以说是神圣的。当整个国家都被包围在这种灵魂中时，一个充满真理和博爱的乌托邦社会终会实现。虽然这种社会从未存在过，但应该由人们建立起来。

第二种是斯巴达的王权统治制度。在全国范围内灌输尚武精神和节制的美德思想，从而焕发出了充满朝气和强大的气势。

第三种是由贵族统治的寡头政治，这种制度虽然不如王权统治制度，但贵族们有强烈的荣誉感，并具备获得荣誉感所需的德行，从而使寡头们能够维持较为体面的政府。

然而，在第四种制度，即民主制中，这些美德全然消失了，只有肆无忌惮的贪婪和放荡的恶习依然存在。其中一个典型的例子就是当时的雅典。

第五种，也是最卑劣的一种，就是僭主统治制度。所有人都受制于一个卑鄙的统治者，人们将这种制度下的国家抨击为一个充满不正义和仇恨的世界。这种抨击在接下来的第九卷中反复出现，我们可以从中看到人们对僭主的憎恶有多么深。

然而，从国家由一个统治者进行管理这个角度来看，贤人统治和僭主统治是相似的。在这两种情况下，所有国民中只有一个人是统治者，其他人都是被统治者。将两者区分开的是统治者的灵魂高尚与否。被统治者需要意识到这一点，并在心中寻求一个哲人般的、神圣的统治者。第九卷的以下段落体现了这一点：

"……色拉叙马霍斯认为被统治者不会甘愿作为仆人被统治，因为这对他们而言是不利的。我们不认同他对被统治者的看法，相反，我们认为，每个人都是受到神的思想的统治和引领，当然，如果他自己内心有这种思想，那就是最理想的，但如果没有，就让外界的这种思想来引领他也可以（也更有用）。这是为了让我们所有人，在同一思想的指引下尽可能成为亲密的伙伴。"

但是，当时没有出现一位契合柏拉图观点的世俗的贤人统治者。在柏拉图去世约400年后，自称"上帝之子"的耶稣在巴勒斯坦诞生。此后的2000年里，基督教在耶稣的带领下，不断发展成为一种世界宗教。有鉴于此，可见柏拉图的观点极具启发意义。

厄洛斯的故事：描述死后的世界

最后的第十卷内容蕴含着神的思想，描绘的场景是正义和不正义之人死后的世界。

根据柏拉图的说法，人的身体可能会死亡，但灵魂是不朽的，最终会在另一个身体中复活。然而，我们需要在这个过程中经历"神的审判"。那些生前行为端正的灵魂被召唤到天上，并受到祝福，而那些生前行为不端的灵魂则被打入地狱。1000 年后，每个灵魂都将获得新的生命。

书中讲述了勇敢的战士厄洛斯的故事。他在战场上被杀，人们计划 10 天后将他埋葬，但当其他所有尸体都腐烂了的时候，只有他的尸体还像生前一样，几乎没有变化。所以他被送回家中，打算 12 天后再火化，但就在火化前的一刻，他在木薪上复活了。在神的审判中，神给了他一个任务："告诉世人死后的世界"。

"……重点是：根据我们每个人在生前对某个人做了多少不公正的事，以及对多少人做了恶事，我们的灵魂已经为我们所有的罪孽依次受到了惩罚，而且每项罪过的惩罚都要反复执行 10 次。也就是说，人的生命是 100 年，惩罚要重复执行 10 次，这样，每个人可以为他所犯的罪孽赎罪 10 次。例如，如果一个人背叛了国家或军队，导致许多人死亡，并使人成为奴隶，或参与其他一些罪恶的行为，他将为所有这些行为受到 10 倍于他所犯罪行的惩罚。与之相对，如果有人做了善事，是一个正直和虔诚的人，他同样会得到 10 倍的回报。"

那么，得到了善报或惩罚的灵魂，之后会怎样呢？重生的灵魂在原来的地方待七天，第八天就开始了旅程。第四天的时候，他们看到了一道贯穿天地的光柱，再经过一天的行走，灵魂到达了光柱，并且意识到这是捆绑天球的一条巨大的绳索，闪闪发光。

　　在那里，女神通过神官给予这些灵魂一支竹签和一份人生样本。竹签上有一个数字，当轮到某个灵魂的数字时，他就从人生样本中选择他的下一个人生。

　　"那里有各种类型的人生样本，包括各种动物的和人类的。例如，其中也有独裁僭主的人生，有的僭主终生在位统治，有的在中途倒台，有的以贫困或流亡结束了一生，也有的最终成了乞丐。除此之外，也有男性的人生，他们或因其外形、美貌、力量、竞技等方面而闻名，或因其姓氏和先辈的功绩而名声大震。同时，也有在这些方面臭名昭著的人生。此外，女性也有各种各样的人生选择。"

　　为了能在此刻做出正确的选择，苏格拉底（或借苏格拉底之口的柏拉图）认为，我们必须不断学习。这里还有一个场景，神官对灵魂说了以下的话：

　　"即便是最后一个来挑选的人，用心选择的话，只要他认真努力地生活，就会拥有一个令他满意的还算不错的人生。第一个来挑选的人不要掉以轻心，而最后一个人也不要灰心丧气。"

　　然而，正如厄洛斯所看到的，抽到头签的人，由于浅薄和贪婪，选择了"最大的独裁僭主"的人生。一般来说，在天国生活过的灵魂更有可能选择安逸的生活，因为他们没有遭受过痛苦。相反，经历过地下炼狱生活的灵魂做出的选择更加谨慎而明智。

　　这里要说一下，第一章提到的荷马史诗《奥德赛》中的英雄奥德修斯的灵魂，恰好在抽签中抽到了最后一个号码。奥德修斯"在生前遭受了太多的苦难，已经没有了追求名声的野心"，因此选择了一个普通人的人生。即使抽到的是头签，他也很愿意做出这个选择。

当每个灵魂都选择了新的人生后，灵魂就会被带到忘川河边，喝下河水。就像河的名字一样，喝下这里的河水之后，他们就会忘记过去的一切。而厄洛斯因为接受了神派给他的任务，所以没有喝下河水。

当晚的午夜时分，雷声隆隆，地动山摇，灵魂都像流星一样各自飞去。他们都将在新的地方开始一段新的人生。目睹了一切的厄洛斯再次睁开眼睛的时候，发现他的肉体正躺在木薪堆上，准备火葬。于是厄洛斯回到了现世中，向人们讲述了死后世界的样子。

所有的路都通向幸福

在这一系列的故事中，柏拉图以苏格拉底的口吻说道：

"人们必须知道，出生背景的好坏，作为普通人和作为公众人物所拥有的东西，身体的强弱，理解能力的高低，以及灵魂中所有与之类似的先天和后天的特质结合在一起，会产生什么。然后，考虑到所有这些事情，他将在更好的和更坏的人生之间做出选择，把灵魂引向更不正义方向的人生是更坏的人生，而把灵魂引向更正义方向的人生则是更好的人生。我们只看灵魂的本性，没必要看其他任何东西。因为我们已经清楚地认识到，无论是对生前还是对死后，这都是最好的选择……因为只有这样，人才能最幸福。"

整部书以下列文字作为结尾：

"如果我们相信这个故事，我们会得到拯救。我们将顺利渡过忘川河，而不会玷污我们的灵魂。如果大家遵循我说的话，相信灵魂是不朽的，可以承受一切邪恶和一切美好，那么我们就永远不会偏离正道，而是全力以赴地投身于正义和思考。这样，当我们留在世上，得到正义的奖赏时，就像竞技中的胜者被各种礼物包围着一样，我们将和自己以及众神成为挚友。我们在这个世界，和在我们的故事中所说的千年旅程中，都将收获幸福。"

无论在什么情况下，灵魂永远都是高尚的、有节制的，永远都是追求善的。这不是苦行僧般的旅途，而是一条最接近幸福的道路。《理想国》读到此处，各位读者可能也会产生同感吧。

专 栏

柏拉图（公元前 427 年—前 347 年）

古希腊哲学家。柏拉图是苏格拉底的弟子，亚里士多德的老师。

柏拉图的思想是西方哲学的主要思想来源。有学者认为，西方哲学史就是柏拉图思想的宏伟注释史。他的作品包括《苏格拉底的申辩》和《理想国》等，大多数作品都采取了对话的形式，其中许多作品都以苏格拉底为主要讲述者。

40 岁时，他在雅典郊区的阿卡德米创办了一所学校，主要采用师生问答的方式进行授课。除了教授哲学和政治学，还有天文学、数学和生物学等课程。亚里士多德就是其中的学生之一。

第5章

亚里士多德
《尼各马可伦理学》中
揭示的实用主义

亚里士多德为何手指向大地

我们回到梵蒂冈宫殿内拉斐尔的画作《雅典学园》。

在画的中央，用右手指向天空的柏拉图旁边，是用右手指向地面的亚里士多德(公元前 384 年—前 322 年)。亚里士多德被认为是西方最伟大的哲学家之一，与苏格拉底和柏拉图齐名。作为一位百科全书式的科学家，他几乎在各个学科领域都有所贡献。此外，他还因是马其顿的亚历山大大帝的家庭教师而闻名于世，后者后来在东征中建立了一个伟大的帝国。

图表 5-1　《雅典学园》中描绘的柏拉图和亚里士多德

亚里士多德最初是柏拉图的学生，他在柏拉图创办的阿卡德米学院生活了大约 20 年，受到了悉心的指导。事实上，在他的著作中，有许多地方都体现出了阿卡德米学院对他的影响。

晚年时期，他在雅典城外创办了吕克昂学院。因为他和学生们经常在学院走廊里一边散步，一边辩论，所以亚里士多德创建的学派又被称为"逍遥学派"。当时吕克昂学院与阿卡德米学院存在竞争关系，但在 529 年被东罗马帝国的查士丁尼一世以"异教组织"为由强行关闭了。

柏拉图和亚里士多德不仅关注个人，还关注国家等群体的福祉。他们都质疑雅典的民主制度，也不看好独裁僭主的政治体制。

随后，柏拉图转向了探讨统治者"灵魂"的问题。他把理念设想为一个理想的世界，在这个理想世界中充满了善良、美德和纯洁。我们在上一章中看到，他为了宣扬这个主张，还提到了关于来世"灵魂的审判"的轶事。

亚里士多德还认为，是"善"引导人们走向幸福。但他关注的是国民而不是统治者，关注的是作为实用技能的政治而不是理念。《雅典学园》这幅画中指向大地的姿势象征的就是这个意义。

幸福的关键在于政治而不是"理念"

亚里士多德认为，人的本性在于对知识的热爱。与之对应的希腊语是"philosophia"，"philo"的意思是"爱"，"sophia"是"知识"。这个词是许多欧洲语言中"哲学"一词的起源。

与柏拉图一样，亚里士多德也留下了大量的作品，据说其中许多已经遗失，但保存下来的作品涉及政治学、伦理学、生物学、天体学、自然学、戏剧等诸多领域，涵盖了广泛的体裁，其中包括模仿柏拉图风格的对话形式。这些作品对伊斯兰哲学、中世纪的经院哲学以及现代哲学和逻辑学都产生了深远的影响。

对亚里士多德来说，所有这些都属于"philosophia"。所谓哲学，就是满足一个人追求知识的行为过程与结果的学问。按照这个定义，目前的大部分学科都属于哲学的范畴。

《尼各马可伦理学》的第一部分讨论了善与幸福。据说亚里士多德在《雅典学园》这幅画中左手拿着的就是这本书。"尼各马可"是亚里士多德儿子的名字，他把许多关于伦理学的著作都编入了这本书中。

与上一章提到的《理想国》一样，这也是一部巨著，全书由十卷组成。这本书从对善的思考开始讲述，涉及伦理美德（慷慨、奢华、节制、温和、友爱、真诚、机智、羞耻）和理智美德（学习、技术、思辨、直觉、智慧）。

这里要提到的是，所谓的"卷"是用纸莎草纸连接起来形成的一种卷轴。而卷轴所能承载的文字数量受物理条件限制，并不总是像今天的书籍那样按照内容明确划分为不同的章节。

首先，颇有意思的是对美德的思考。柏拉图将美德分为两类：一类是可以通过"习惯"的积累获得的美德，另一类是只能通过"追求真理"获得的美德，他重点关注的是后者。柏拉图认为前者只是后者的一个表象。

例如，在《理想国》中，柏拉图说："……有许多美德，通常被称为灵魂的美德，但事实上所有其他的美德也许更接近身体的美德。这些身体的美德，以前是不存在的，而是在后来的人生阶段通过习惯和实践逐渐形成的。只有知识的美德属于更神圣的东西。

"这个人由于前世生活在一个有着良好秩序的国家里，在安逸的生活中没有追求真正的知识（哲学），只是通过习惯的作用获得美德……而他们没有在苦难中学到什么……"

柏拉图认为，通过习惯和优越的环境很容易获得美德，但这还不够；真正的美德必须通过努力和艰辛的体验来获得。

与此相反，亚里士多德在《尼各马可伦理学》的开头就主张："最高的善是政治。"

"每一种技术、每一项研究以及每一次实践和选择，都可以说是为了寻求某种善。这就是为什么我们可以说，将善阐释为'万物之所求'是如此高明。"（《尼各马可伦理学》，岩波文库，下同）。

"因此，'作为人的善'必须是政治的最终目的。事实上，尽管个人和国家的善是一致的，但实现和维护国家利益才是更伟大、更终极的目标……我们的研究正是为了追求这个目标，在这个意义上，我们的研究也可以称作一种政治学研究。"

亚里士多德还指出，政治学探究的不是知识，而是实践。他甚至否定了柏拉图，认为出于内心情感而学的知识是无用的。他强调了习惯的重要性，以及政治对培养"善的习惯"的重要性。他对立法和行政管理如此重视的原因就在于此。

伦理经由习惯和经验而获得

以下将对《尼各马可伦理学》的内容进行概述。

在第一卷中，亚里士多德讨论了政治的重要性之后，提到了关于"幸福"的看法。幸福，作为善的最高形式，是所有人的终极追求。然而，不同的人对幸福的感知是不同的。对每个人来说，幸福就是让灵魂保持在"良好状态"，但这不是一天就能实现的，而是需要长期积累的习惯。这正是由良好的政策，也就是政治来实现的。

亚里士多德在追求现实主义的过程中，自然而然地否定了柏拉图的理念论。换言之，他认为不存在全人类共同的终极理念，每个人都有各自不同的善的目标。

他说："即使所有的善都是共同的，或者存在单独的、唯一的善，显然，这也并不意味着它就是人要追求的或要获得的善。"

然后，亚里士多德尝试对人类的善进行具体分类。首先，他将人类的灵魂分为两部分：非理性的部分和理性的部分。再将每个部分继续分为两部分。非理性的部分是指"控制机体生长的植物性部分"和"控制欲望 / 欲求的部分"，其中前者显然不是"人类卓越性"的体现。这很容易理解。

但后者，即"欲望 / 欲求的部分"呢？如果这部分被理性所压制，那么它就是非理性的，但与理性有着深刻的联系。换言之，理性和"欲望 / 欲求的部分"是相互呼应且相互影响的关系。

另一方面，理性的部分可以被分为"真正的理性领域"和"由过去的思想和经验积累形成的行为规范领域"。前者被称为"理智"，后者被称为"伦理"。理智是自身与生俱来的理性，伦理则是服从父亲的命令之类的法则。

与此相呼应，人类卓越性也分为两类：智慧、思考等属于"理智的卓越性"，而慷慨、克制等则属于"伦理的卓越性"。柏拉图专注于前者，而亚里士多德则专注于后者。这种通过习惯获得的东西，他称之为"ethos"，这也是"伦理"（ethic）一词的起源。

我们如今在日常生活中使用的"礼仪"（etiquette）一词也起源于"ethic"。礼仪在很大程度上确实归功于通过习惯获得的伦理。亚里士多德将其定义为灵魂理性运作的一个分支。

正义和不正义与习惯养成有关

在接下来的内容中，亚里士多德将进一步讨论伦理是"人应该获得的善"。

正如上文所述，伦理的卓越性是通过习惯获得的。换言之，它并非我们与生俱来的特质。然而，我们可以提前为获得伦理的卓越性做好准备。通过习惯来填补这种先天的缺陷，就可以获得善。

下面这段阐释有助于理解上述内容：

"例如，一个人做建筑工作就成了木匠，弹奏琴就成了琴师。同样，我们通过做各种正直的行为而变得正直，通过做各种有节制的行为而变得有节制，通过做各种勇敢的行为而变得勇敢。

"我们在各种人际交往行为中成为正义或不正义之人；我们在面临可怕之事时所养成的恐惧或平静的习惯，会让我们以后成为懦弱或勇敢的人；面对欲望和愤怒之事的时候也是如此。也就是说，我们在这些事情上表现出的不同的行为方式，会决定我们是变成节制或温和的人，还是变成放荡或易怒的人……从小就习惯于一种方式或另一种方式，其区别并非微不足道，而是影响深远，甚至可以说是决定了一切。"

亚里士多德说，这就是政治的重要性所在。立法者的作用正是为国民提供培养良好习惯的环境，而培养良好习惯的成功与否决定了国家政治的好坏。换言之，一个站在众人之上的人必须对人的灵魂有深刻的了解，并发挥能力去改善它。亚里士多德把这种重要性比作医生的重要性：

"很明显，政治家、政治学研究者要了解一些关于灵魂的知识，就像试图治疗眼睛或身体其他部位的人一样，因为政治比医疗更崇高，更贴近善，对于我们（政治家和政治学研究者）来说，这就更有必要了。医生投身于感兴趣的身体知识的探究。因此，政治家、政治学研究者也必须进行一些关于灵魂的研究，但这种研究必须是为了这个目的，充分深入地进行。"

九种"中庸美德"

在第二卷至第六卷中，亚里士多德对美德进行了更加严格的细分和定义，这也许是该书最重要的部分。

该书将美德分为九种：勇敢、节制、慷慨、豪气、自尊、友爱、温和、真诚和机智。乍一看，这些是西方社会中骑士精神和绅士风度所具备的德行。它们正是亚里士多德总结出来的。从这一点看来，应该就能明白西方社会的精英们为什么要学习亚里士多德。

以下是亚里士多德对其论点的简要总结：

具备美德的人是什么形象？也许并不是血气方刚的年轻人，而是积累了丰富人生经验的中年人。换言之，美德不是与生俱来的，而是随着年龄和经验的增长逐渐培养的。

这就是为什么有美德的人各有不同的特点。有些人是勇敢的，有些人是温和的，也有些人思维敏捷、充满奇思妙想。这些特点取决于他们在环境中积累的经验，取决于他们面对不同情况时做出的各种决定和不同的反应方式。这取决于人在自己的环境中有什么样的经验，人做过什么样的决定，以及人对情况的反应。

人类有思考的能力。在了解现状之后，我们会考虑达到目的的几种途径，并试图选择一个看起来最优的途径，之后还会验证结果如何。如果不成功，就会吸取教训，并在下一次选择时做出改变。

最初，大脑在做出决定和反应时会进行反复的思考。然而，如果持续面临同样的情况，人就会在不断试错的过程中逐渐适应，即逐渐成为一种习惯，这会形成一个人的美德，或者在某些情况下，也会成为一个人的恶习。

在这个前提下，我们再来介绍一下上面提到的九种美德。

"勇敢"，太多就是鲁莽，太少就是懦弱。

"节制"是指不沉溺于欲望而懂得约束自己的能力。亚里士多德对欲望的定义不是审美或智慧上的，而是身体上的，即性欲和食欲。如果我们沉溺于欲望，就会变得放荡；如果过于禁欲，人就会变得麻木无情。

"慷慨"是指正确使用金钱。如果一个人散漫放纵，就会成为挥霍无度之人；如果过于节俭，又会成为吝啬鬼。

"豪气"是指以适当的方式花钱，从而获得世人的尊重。如果太华而不实，就会造成浪费，还会招致恶评；如果过于不舍，就会显得寒酸。

"自尊"是指认识、表现自我的存在价值。过度表现会显得傲慢，相反，过度自卑就会被视为懦夫。

"温和"与人如何处理愤怒有关。即使很生气，也要注意不要让这种情绪持续太久。如果没有这种控制力，就会被视为易怒和过于固执之人。另一方面，如果在该发火时没有发火，就会被称为没有骨气、没有魄力之人。

"友爱"本质上是我们待人接物的方式，不仅是指温柔的对待方式，有时也会有逆耳之言。若交往中态度过于温和，就会有谄媚之嫌；如果别有用心、处处算计，就会被称为奸佞狡诈之人。但如果不表现出任何亲和姿态，又会给人留下不好的印象。

"真诚"也是关于在交往中如何对待别人，以及如何表达自己。人人都有追求虚荣和名誉之心，谁都不可能完全摒除这种思想。所以在交往中，适度是关键，表现得太多就是装腔作势，太少就是屈尊俯就。谦逊是一种美德，但太过谦逊只会惹人生厌。

"机智"指的是发言要遵循 TPO 原则 [3]。知道什么时候该说什么。有时可以用一个玩笑来缓解紧张的局面，让众人放松愉快起来。但如果开不合时宜的玩笑，就会让人心生嫌隙，如果在任何场合都不会说笑，就会被视为无趣之人。

这九种美德有一个共同点，过度践行任何一种美德都没有意义。然而，人在年轻时可能会受到诱惑，从而过度做了某些事，这就是所谓的年少轻狂。人要在年轻时经历痛苦，然后反思，并在接下来找到

---

[3] TPO 原则，即要考虑到时间（Time）、地点（Place）、场合（Occasion）。其中的 T、P、O，分别是时间、地点、场合这三个词的英文首字母。——译者注

图表 5-2 亚里士多德的九种"中庸美德"和第十种"美德" —— "回报性正义"

	过少		中庸		过多
1 （关于恐惧）					
	恐怖·怯懦	⟺	勇敢	⟺	沉着·鲁莽
2 （关于快乐）					
	无感	⟺	节制	⟺	放肆
3 （关于如何花钱）					
	吝啬	⟺	慷慨	⟺	随意
4 （关于举办仪式）					
	小气	⟺	豪气	⟺	阔气·粗放
5 （关于自我意识）					
	卑躬屈膝	⟺	自尊	⟺	傲慢·自负
6 （关于愤怒）					
	懦弱	⟺	温和	⟺	易怒
7 （关于和他人的相处方式①）					
	自卑	⟺	真诚	⟺	虚伪
8 （关于和他人的相处方式②）					
	不友好·讨厌	⟺	友爱	⟺	讨好·奸诈
9 （关于幽默）					
	庸俗	⟺	机智	⟺	滑稽
10 （在人际关系方面）					
	不正当的剥削	⟺	正义·回报	⟺	不正当获利

更妥当的方式。

在这些经验的重复过程中，人们逐渐学会了斟酌和预测。这就是亚里士多德著名的"中庸美德"。每个人的经历以及经历的多少各有不同，形成的习惯也有所不同，从而形成了各具特色的美德，从这个角度思考就容易理解了。

正义是均衡和公平

第五卷对美德之一的"正义"进行了阐述。

柏拉图用"臆断"的概念来描述正义。就像上一章中描述的"生活在山洞深处的囚犯"这则故事一样，许多人跟在阴影的身后，看不到世界上真正发生的事情，所以他们只能根据主观进行判断，不能做出正确的行为，即所谓的"臆断"。

换言之，人们需要走出山洞，沐浴在阳光下，了解一下何为理想（理念）。获取知识是践行正义不可或缺的一种途径。

但亚里士多德的观点不同，他认为知识确实有助于灵魂的运作，但对正义而言，伦理部分的影响更大。他认为正义是通过长期的习惯而习得的。

我们可以把正义分为两类：广义的"法律正义"和狭义的"均衡正义"。前者是对正义的一般解释，指根据社会规则做正确的事，并对此感到快乐与满足，或寻求正义的社会状态。换言之，美德可以被视为正义。与正义截然相反的是"恶德"，指通过破坏社会规则而获利，或不为此感到羞耻和罪恶的行为。

图表 5-3　第十种"美德"——"回报性正义（基于公平精神的正义）"

广义的正义 = 善 = 所有的"美德"

苏格拉底、柏拉图的阐释

● 幸福存在于充满尊重正义和善
　精神的国家

● 最重要的是传播这种意识
　→"善的理念"的概念
　→死后对灵魂审判
　　"厄洛斯的故事"

第十种美德
= 狭义的正义
= 公平精神

其他九种美德

亚里士多德的阐释

● 正义有多种解释，既可以指
　所有的善和适宜之事，也可
　以指狭义的回报性正义（公
　平精神）

● 在狭义上，可以将回报性正
　义（公平精神）视为第十种
　美德，与其他九种美德一样，
　可以通过习惯获得

　　亚里士多德为后世留下了诸多宝贵财富，其中最伟大的是什么？

　　他的老师柏拉图借苏格拉底的口吻论述道："如果我们根本不知道正义本身是什么，我们就永远不会知道正义是否是一种美德，拥有正义的人是否幸福。"（《理想国》第一卷结尾）

　　然而，在柏拉图的著作中，并未找到这个问题的明确答案。他用了一些含糊不清的表述，说正义或善是"好的、适宜的东西"，因此"正义本身是值得尊崇的"。

　　而且，正如已经提到的：

　　①在世界范围内传播应该尊崇正义的观念（厄洛斯的故事）。

　　②培养能够体现善的理念的领导人。

　　他试图通过这两项举措，来调和他们所提出的"个人和国家两个层面的幸福"。

　　亚里士多德的出众之处在于，他对正义进行了广义和狭义两种意义上的区分。所谓"回报性正义"，即对他人公平公正，以公平（fair）为准则来行事。他认为回报性正义和其他九种美德一样，也是一种可以通过习惯来获得的美德，并对此做了深刻的阐释。

　　此外，《尼各马可伦理学》的整个第五卷内容都是对正义的讨论。与其他九种美德相比，可以看出亚里士多德对该部分相当看重。正义是一种非常重要、不可或缺的美德。

　　不管是个人层面还是国家层面，这种公平精神都应该是最基础的根基。

　　也许亚里士多德终于找到了苏格拉底、柏拉图一直在追寻的善的理念的原型。

狭义的"均衡正义"是从自己和他人的利益关系出发来定义的。简而言之，是指能在多大程度上改善自我与他人之间不平衡，满足双方的公平感。

运用前文中提到的中庸思想来看，以自身利益为先而榨取他人利益是一种不正当得利的行为，相反，如果自身不断受到威胁或者上当受骗，自己的财产遭受损失，也就是遭受了不正当剥削。显然，这两者都不可取，而正义就是在两种行为之间找到一种平衡。或者说改善不平等和差距过大的现象，或补偿不公正或过失造成的损害，这种改善行为，也是一种正义。

任何情况下，当我们践行正义时，也给他人带来了正义。在这个意义上，正义也是一种因果循环。正义不仅是我们自己的事，也关乎其他人和整个社会。

所以说，正义应该是国家层面的目标。幸福的社会是一种人人具备美德，同时也以美德对待他人，并在平衡中找到快乐与满足的社会。这一思想也和《政治学》紧密相关，我们将在下一章讨论。

爱能战胜正义

这本书中，与正义含义相通的是第八卷中描述的"爱"（philia）。后来基督教中经常出现的爱的概念，就起源于此。

人应该爱的对象有三种：善的、愉快的和有用的。然而，"愉快的"和"有用的"事物只是对自己而言。如果失去这个前提，也就是说，如果对方不再让你感到愉快或对你有用，那么爱就会消失。这就是为什么人们会认为爱是一种容易失去的东西。

坏人为了共同的利益，会聚在一起；在好人和坏人之间也有可能达成某种契约关系。然而，俗话说，"钱用完了，关系也就完了"，如果失去了愉快和利益，那么这种关系就会戛然而止。

另一方面，好人之间的友谊是人与人之间的纽带，不会轻易割裂，因为这种关系超越了彼此的愉快感和利益。亚里士多德将其定义为爱的最高形式。

亚里士多德接着说道：

"只有好人之间的爱才不会被诽谤所伤害。因为不管别人说什么，只要经过长时间的自我审视，就不会轻易相信他人的言论。这样的信任，以及预料到对方永远不会做不正义之事的坚定，以及真爱所需的所有其他条件，都是好人所具备的品质。然而，在任何其他种类的爱中，都无法保证绝对没有这种诽谤的危险。"

自身是好人这件事本身就是愉快的，所以好人不需要从对方那里寻求愉快感或利益来维持关系。而且只要他们彼此都是好人，这种关系就不会改变。正如前面所说的，好人是植根于美德的，这种善越是通过长期的习惯培养出来，就越不容易被破坏。换言之，最高层次的爱是最有可能无条件存续的爱。

当人们彼此友爱的时候，均衡和平等之风就会自然而然地形成。那么此时就不需要正义了。正义的最高层次是爱。如果从国家层面考虑，那么所有的政治家都应该努力创造一个国民因爱而联系在一起的国家。

如果上述描绘的情况是理想蓝图，那么接下来要考虑的问题是，为了接近这种美德，应该付诸什么样的实践？这些内容在第三卷中也有提及。

第三卷中指出，与美德关系最密切的是"选择"。选择意味着思考，与诸如"愿望""情欲"或"愤慨"有所不同。它指的是先设定一个目标，然后在此基础上思考用什么方法，以及通过什么手段在自己的能力范围内实现这个目标。

当然，如果有很多选择，就会思考哪种是最优的选择。或者，如果只有一种选择，就会思考一个具体的方法，然后进一步思考接下来还会面临什么选择。用现代的话来说，通过不断地进行"问题解决导向的思考"，就形成了一个人的美德。

解决问题时的五种思考模式

第六卷对"思考"进行了详细分析。思考和选择符合美德的行为需要具备较高的意识和智慧。根据亚里士多德的说法，有五种模式。

首先是知识（episteme），即对有把握的已知事物的学习，也就是像读教科书那样。

第二种是技术（techne），即参与"生产制造"的智慧。想象一下艺术家或建筑师在工作中的想法和灵感就明白了。

第三种是真知（nous），即不属于理性范畴的直觉感知能力，更像是灵感。

第四种是实践智慧（phronesis），即在不确定的事件中确定目的，并在实践中对是非善恶做出判断的能力。

第五种是智慧（sophia），即摒除主观性进行观察和研究的理性。

苏格拉底和柏拉图认为正义、善良和幸福就是智慧。而亚里士多德则强调"实践智慧",在英语中表示为"wisdom",当说到"The man is with wisdom"时,就表明所指对象是一个"能以绝妙的技巧处理各种场合的各种问题"的人。

熟练掌握这种技巧的人是"知识的巧妙运用者",这比单纯拥有知识更有益处。为了说明这一点,他举了以下例子:

"如果一个人知道清淡的肉更容易消化并且更有利于健康,但不知道什么肉是清淡的,他就没办法通过这种方式达到健康。相反,知道'鸡肉有益于健康'的人,会更清楚地知道如何给身体带来健康。"

特别是在人际关系中,实践智慧发挥着重要作用。由于人类是社会性动物,自古以来,在群体中如何表现一直都是一个问题。亚里士多德说,要想解决这个问题,就必须利用实践智慧。

亚里士多德的美德观至今仍作为西方绅士风度的标准,或者说,"杰出"的标准,从中也可以看出亚里士多德一针见血的观点至今仍熠熠生辉。人生中的一个重要课题,哲人在2400年前就已经给了我们答案。

例如,面对恐惧时应该如何表现?鲁莽行事或站在原地不动都不能称为杰出。在物欲横流的世界里迷失自我,或者过于拘谨克制而错失良机,都无法提升自己。在任何情况下,人都需要发挥自身的实践智慧来找到属于自己的最佳解决方案。

处理金钱的方式也很重要。需要按照符合自身财富和收入水平的方式来生活,既不能浪费和挥霍无度,也不能过于吝啬,阻碍人际关系的发展。在日常生活中,有许多情况需要用到钱,如教育、社交、医疗、护理和社会贡献。重要的是在哪方面需要节省开支,哪方面不需要节省，这就需要每个人发挥各自的实践智慧了。

社会互动、人际交往也是不可避免的。对待他人既不能妄自尊大，也不能自轻自贱。自负会惹人讨厌，自卑会低人一等。交往中的礼仪很重要，但如果太正式，反而会让他人敬而远之。教养也很重要，但到处炫耀卖弄自己的教养则是没有教养的举动。

这些都是人们终其一生会反复面临的问题。这些问题没有正确的答案，每个人都必须做出自己的决定。这就是所谓的实践智慧，智慧的积累形成了"人"。美德的含义就在于此。

为什么人无法控制自己的欲望

在接下来的第七卷中，亚里士多德提到了美德的对立面——"恶德"。根据亚里士多德的说法，恶德的人在处理前文所描述的诸多日常生活问题时偏离了道德。

由于年少轻狂而不断犯错是生活常态，这并不是恶德。事实上，如果没有经历这样的时期，就无法知道如何培养自己的德行。然而，如果不断重复同样的错误，很快就会成为常态。与美德一样，恶德也是通过重复行为形成的一种根深蒂固的习惯。重要的是如何发挥自身的实践智慧，及时修正行为习惯，这是值得思考的。

特别是那些与欲望相关的习惯，最应受到严厉的谴责。这种想法，以及恶德与美德的标准，对西方社会是非观念的形成均产生了重大影响。

虽然称不上是一种恶德，但我们经常"做出正确的决定，却没有行动"，还经常做一些我们原本知道是错误的事情。亚里士多德称之为"无节制"，并探讨了其背后的原因。

苏格拉底和柏拉图将"无知"作为其中一个原因。无节制的人误入歧途，是因为他们认为的"正确"知识实际上只是他们在洞穴深处看到的"自我臆想的观点"。如果他们跟随理念（真理）获取正确的知识，那他们就不会在行为上犯错了。另一方面，亚里士多德进行了更谨慎的论证。他探讨了"知道"首先意味着什么，是一种什么样的状态，以及在什么情况下不能正确地付诸实践。

他提到了几种可能性，例如，假设现在有一种甜甜的食物摆在面前。我们都知道甜食很美味，也知道甜食对身体有害（摄入过多的情况下）。那么，我们应该优先考虑哪个方面呢？

大多数时候，我们在身体欲望的驱动下，会优先考虑前者。从后者的知识来看，这是一种无节制的行为，但从前者的知识来看，吃甜食的行为是正确的。换言之，不能一概认为无节制都是无知的。

然而，亚里士多德并不赞同无节制的做法。在很多情况下，人类倾向于用对自己有利的知识来解释，从而满足自己的欲望。这也是失败的原因之一。正是由于这个原因，我们需要在习惯的养成中掌握更多正确的知识，并提高自身的美德。

在美德的积累中获得快乐

在第十卷中，亚里士多德讨论了与"幸福"非常相似的"快乐"。他最后得出结论：快乐分为很多种类，幸福的人指的是在不断积累美德的过程中能够享受到快乐的人。

亚里士多德并不否认柏拉图的论断，即幸福源于智慧。他认为，人要尽可能发挥自身的实践的智慧，用冷静的态度与世界对话，这样就会获得终极的幸福。然而，没有多少人能够做到这一点，但也并不是说这些人不能成为好人。他认为我们可以再进一步，通过实践的智慧将美德刻入我们的伦理观，这样就能成为好人。

在该书的最后部分，他指出：

"要想成为一个好人，就有必要得到良好的教养，形成良好的习惯，并按照这些习惯在生活中保持良好的行为，戒除不良行为。无论是否出于自愿，一个好人都有必要做这些事情。为了实现这一点，人们的生活必须受到某种真知以及具有权威的公正命令的约束。"

换言之，政治扮演了重要角色。亚里士多德说："法律就像政治学的衍生品。"那么，如何建立这样一个国家呢？这部分内容在下一章的《政治学》中有详细描述。亚里士多德研究了国家政治的各种形态，并详细列出了国家政治领导者应具备的美德，阐明了国家政治的稳定是国民幸福的基础。

专栏

亚里士多德（公元前 384 年—前 322 年）

古希腊哲学家，柏拉图的弟子。与苏格拉底和柏拉图齐名，被誉为西方最伟大的哲学家之一，并因其广泛的自然研究工作而被称为"百科全书式的人物"，还因是亚历山大三世（大帝）的家庭教师而闻名。

根据亚里士多德的观点，生命物质和无生命物质的区别在于是否有灵魂。具体来说，灵魂是由摄入营养物质、感知、运动和思考的能力来定义的，此外，人类与其他动物的区别在于人类能运用理性透过现象看本质。

对人类来说，善指的是幸福，以及在灵魂的良好运作下获得的满足感。政治的作用是在整个社会范围内实现这一点。换言之，政治必须是善的根本支柱，政治的目的就是实现最高善。

骑士精神 （Chivalry）

在中世纪的黑暗时代，野蛮的领主和骑士垄断了武器和盔甲，通过世袭继承制来统治庄园。在他们的统治下，抢劫和强奸等暴行频发。对这种现象愈加反感的教会，在中世纪繁盛期主导建立了"骑士精神"的道德规范。

绅士 （Gentleman）

这个词最初是指不劳而获的贵族阶层，后来引申为政治家、高级官员、大学教授、军官、医生、律师、神职人员和银行家等从事高度专业化职业的人。与"家庭"和"出身"一样，"教养"和"美德"是绅士的先决条件。

随着大英帝国的扩张，富裕的中产阶级不断壮大，也逐渐成为绅士阶层的一部分。通过将崛起的英国中上层阶级纳入绅士体制，建立了由绅士掌权的统治制度。

第6章

亚里士多德《政治学》中
描绘的现实的国家观

人是一种政治性动物

《尼各马可伦理学》探讨了个人层面的正义、美德和幸福，而《政治学》则基于国家层面，解释了什么样的国家制度能给人们带来幸福。

该作品写于何时尚不清楚，也不清楚是亚里士多德亲自执笔，还是由他人整理而成。但可以确定的是，这部著作写于不同的时期，并在后期进行了加工整理。

全书由八卷组成。第一卷到第三卷讨论理想的国家形态，第四卷到第六卷研究现实的国家观，第七卷到第八卷讨论普遍的国家形态。这里的"国家"指的是当时的城邦。

作为动物学家的亚里士多德，认为人是一种政治性动物，并从研究人的本性开始了探讨。这就是"人是一种社会动物"这一现代说法的来源。另外，亚里士多德还指出：

"人类在完成进化后，是所有动物中最优越的，但当他们脱离法律和审判时，却又是最糟糕的。"

与其他动物的一个主要区别是，人类拥有语言。语言能够让他们分享快乐和痛苦，分辨利害或善恶，因而就有可能在他们之间形成政体。反过来说，只有建立国家和政体，人才能成为人。

然而，人并不总是处于最佳状态，因为个人智力有其局限性。换言之，法治优于人治。因此，有必要通过法律为共同的政治生活建立一个治理体系。《政治学》的目的就是探讨最适合人类社会的制度。

判断制订出的法律是否正确，则是根据其是否被大部分人所接受。

然而，这不是一个短期内就能回答的问题，而是需要反复试错，才能对其做出最终的评价。换言之，不以惯例为基础的法律，其力量不足以让人遵守，只有经过长时间的积累才能获得力量。《尼各马可伦理学》中强调的"惯例"的重要性，也为此奠定了基础。

上述内容也可以从个人角度来解释。成为一个"善人"有三个条件：本性、理性和习惯。其中，本性是与生俱来的，不受个人控制。要理解理性，必须具备一定的知识、信息和心智前提。任何人都可以养成习惯，也可以认为这是对理性的理解的延伸。

然而，养成习惯需要一定的外在强制力，政治就是这种力量的来源。以法律和惯例为工具，寻求国家的"善"，可以说这就是理想的政治形态。

否定柏拉图"财产国有化"的观点

上文提到，柏拉图在《理想国》中描述了一种基于理念论的理想政治形态。相比之下，亚里士多德追求的是一种完全的现实主义政治形态。

他对于"中庸"重要性的探讨也体现了这一点。一般来说，一个国家的富人只知道如何统治他人，而穷人只知道如何服从指示。在这样不平等的社会中，极易产生对立与冲突，国家成员之间也无法形成友爱的氛围。为了防止这种情况，立法者应该既不属于富裕阶层也不属于贫穷阶层，而是介于两者之间，即处于一种折中的社会地位。不言而喻，《尼各马可伦理学》中的道德思想也为其提供了基础。

此外，柏拉图在《理想国》中主张将财产国有化，消除贫富差距，从而避免贫富差距带来的不平等和冲突现象。

然而，亚里士多德从劳动和消费的角度出发，明确否定了这一主张——如果那些付出较多劳动的人消费得少，而那些没有付出很多劳动的人却消费得多，那么前者自然会对此感到不公平，结果反而导致了冲突。这是一个在当下社会也适用的观点。

为了解决这个问题，亚里士多德建议应区分财产的"所有权"和"使用权"。所有权下的物品为个人所有，而只有使用权的物品则可以共享。这将使个人有责任管理自身的财产，也更能为社会大众带来便利。他说，人际友爱的习俗和法律将促使其成为现实，而且这将比国有化更有利于实现"国家的善"。

"财产也是如此：每个人都有属于自己的财产，但有些财产能使他的朋友受益，而他朋友的一些财产是大家可以共同使用的。例如，在拉塞德蒙（作者注：斯巴达），人们互相使用对方的奴隶，甚至马和狗，就像使用他们自己的物品一样。如果在旅行中食物都吃光了，那么无论身处全国哪个地方，都可以使用田地里的食物。因此，尽管财产是私有的，但在使用方面，显然大家共同使用才是利益最大化的。而立法者的固有职责就是尽力让国民实现这样的生活方式。"（《政治学》，岩波文库，下同）

如果柏拉图的思想来源是共产主义，那么亚里士多德的思想来源则更接近民间的经济活动，这种思想在今天仍然具有重要的现实意义。

然而，他认为商业是一种卑鄙的做法，是一种必要恶。他提出了一个更形象的反经济论点："当货币被设计出来时，就在一场必要又不可避免的交换中产生了一种不同的获取财富的手段，即商业行为。

"既然人的欲望是无限的，那么人也渴望用无限的手段来满足这些欲望。即使是那些追求更好生活的人，也会寻求能带来身体愉悦的东西。由于财富可以满足这种欲望，他们整日沉迷于获取财富……因为可以用过剩的财富来实现享受，所以他们为了追求享受，也在寻求一种能得到多余财富的手段。"

要想追求享受就必须贪婪，这种想法的出现会让人忘记建设一个"善的国家"的使命。而直到18世纪，亚当·斯密的出现才提高了经济和商业的道德地位。

对158个殖民地做了全面调查

《政治学》并非只是单纯阐发观点，这也是这部著作的另一个重要特点。亚里士多德通过访问当时的158个希腊殖民地，并研究了各国的政治情况，最后才编纂了此书。我们可以想象一下，现代联合国有193个成员国，虽然亚里士多德时期与当今世界的国土规模大不相同，但也可以感受到亚里士多德在当时对世界各国政治进行全面调查的范围之广。

国家政治的存在是为了追求市民社会的正义。政治拥有在国民、家族、社区等群体之上的统领地位，其职责是制订和执行规则，并确保人们能够遵守这些规则。

具体来说，政治具备评议（立法）、执行（行政）和裁判（司法）三大权力。然而，国民能够在多大程度上参与这类政治生活，并为国家选择合适的领导者等，各国都不一样。

亚里士多德将政治分为三种主要形式：将权力集中在一个人手中的独裁制；权力被某个精英阶层所垄断的寡头制；以及所有市民拥有平等参与权的民主制。

在这个分类的基础上，亚里士多德着眼于以下三点做了进一步细分：

第一点是政治的目标。是为了国家或公众的利益，还是为了私人利益？不言而喻，前者才是政治的理想形态，后者则是政治腐败的体现。

当独裁制属于前者时是父权下的君主制，属于后者时是以武力镇压国民的僭主制。寡头制因将普通民众排除在外而属于是后者，但其精英阶层有可能通过代表民众的利益转向前者，此时便为"贵族制"。民主制一方面有可能陷入众愚的地步而属于后者，但另一方面也可以为了国家利益转向前者，成为理想的共和制。

亚里士多德并不会武断地认为独裁者就是坏的、民主制就是好的。无论国家是何种形式，重点是其是否在追求善。

图表 6-1　国家的三种形态

独裁制	"君主制" VS "僭主制"
寡头制	"贵族制" VS "寡头制"
民主制	"共和制" VS "民主制"

第二点是国民的构成。亚里士多德认为，国民的构成和各种国家制度的形成有关。

"之所以有这么多国家制度，是因为每个国家都有很多部分。我们看到，首先是每个国家都由众多的家庭构成。在这些家庭中，一定有些是富人，有些是穷人，还有一些家庭的经济水平介于两者之间。在富人和穷人中，前者用重甲武装起来，后者则没有。我们也看到，有些是农民，有些是商人，还有些是工匠。在知名人士中，根据财产的多少，富裕程度也存在着差异……除了财富的差异，还有血统的差异、德行的差异，以及在讨论贵族制度时，是否有权利或能力论述自己是国家一分子的差异。"

简而言之，有以下两个重点：首先是贫富差距的程度，差距越大，国家制度就越远离中庸。特别是许多发展中小国，由少数富人和大多数穷人组成，导致政治往往是动荡的。相反，在发展成熟的大国，中产阶级占较高比例，虽然他们可能难以过上奢侈的生活，但他们生活安稳，因此也渴望创造一个政治稳定的环境，这就使得国家局势更容易稳定。

在这里顺便说一句，以这种方式指出中产阶级重要性的亚里士多德，确实是一个非常聪慧、有先见的人。后来，在 18 世纪的工业革命时期，英国中产阶级迅速扩大，国家得以稳定，并随之缔造了一个繁荣的帝国。

其次是人们的主要生计来源，即他们的职业。如果以农耕活动为主，那么国家就会相对稳定，因为农民以种田为生，在农田里耕作，会比参与在他们看来不必要的国家事务更有稳定感。这也意味着，他们是多么希望能有一个基于法律的稳定的国家政治。

与此相对的是城市中的劳动者，如工匠和商人。相比之下，影响他们生计的因素较多，更为不稳定，同时他们又能在日常生活中收到更多的外界信息。因此，他们对政治动向更加敏感，更容易受到短期收益和损失的影响，情绪上也更容易受到民众领袖的煽动。

无论如何，这种状况在今天仍然存在。越是大国，经济基础越强，政治就越稳定。

第三点是议会（立法）、执行部门（行政）和法庭（司法）的运作状况。如果各个部分运转良好，国家就没有问题；如果不能很好地发挥各自的作用，或组织上下欺瞒横行，那么国家政治就只能被称为恶政。

独裁制的两种形态：君主制和僭主制

基于上述内容，我们接下来将对独裁制、寡头制和民主制进行更具体的考察。

首先是独裁制。如前文所述，它可以分为君主制和僭主制两种，但君主制的政体表现形式有多种类型。人类统治的典型形态是"绝对王政"，也就是国王一人拥有对一切的主权，而法律统治的典型形态是"斯巴达式王政"，其权力仅限于战争和神圣事务。后者实际上相当于"将军"。

另外，在这两者之间，根据法律统治和个人统治所占的比重不同，还有其他类型。例如，通过选举选出僭主性质的独裁者，或者某位战争英雄获得支持成为国王，并且代代世袭下去。

无论哪种情况，重要的是国王的德行。如果由一个具有完美德行的国王来实行统治，绝对王政就有可能实现。然而，由于人类不可避免地受到情绪的驱动，完美是不可能的。因此，一个国家的政治应该由法律来规定，而那些不能由法律规定的事项，则由人做出决定，这也是合理的。当多数人采取协商的方式而非个人独断的方式时，会更容易做出正确的判断。

然而，即使是人类制订的法律也不会总是正确的。有些法律是好的，有些法律是恶的。换言之，法律反映了国王和国民的德行，而提高这些德行的唯一途径是良好的教育。

"既然说个人的美德与最善的国家的国民美德在本质上是一致的，那么显然，使用让人变得优秀的方法和手段，同样能够建立起一个贵族制或君主制的国家。由此一来，无论是在教育方面还是在习俗方面，培养一个杰出优秀的人，与培养一个自由国家的统治者或国王是基本相同的。"

在僭主制的情况下，有些人为了争权夺位，时常会与民众的意愿相悖。因此，这种政权会受到内部冲突的影响，是不稳定的。为了压制民众并维护自身的权力，政权必然会走向压迫统治的道路。

例如，这种政权会打压杰出的国民，并禁止政治结社，抑制教育并剥夺民众获取知识和信息的权利，建立一个相互监视的社会网络，在各地安排特务，助长社会不正之风。此外，政府还会让民众处于贫困的生活中，以剥夺他们的反抗能力，并且经常发动战争，将公众的注意力转向外敌。

然而，这些行为最终只会导致负面效应的急剧上升，所以僭主几乎都是昙花一现。随后，僭主遭到流放，而僭主制也被寡头制或民主制取代。然而，若僭主倾听民众的不满，并努力施行善政，则可以继续将僭主制维持下去。这也就意味着僭主制变为了君主制。

图表 6-2　独裁制的两种形态

[君主制]

- 一般而言，君主制是指国家政治的权力集中在一个人手中，其中包括各种类型：斯巴达类型 / 选举出的僭主类型 / 英雄时代类型 / 绝对君主制类型
- 如果由一个具有完美德行的国王来实行统治，绝对王政就有可能实现。然而，人类不可避免地受到情绪的驱动，因此，一个国家的政治应该由法律来规定，而那些不能由法律规定的事项，则由人做出决定，这也是合理的。
- 对无法用法律规定的事项做出判断时，多人协商得出的共识比个人独断更正确。
- 然而，有良法，也有恶法；有好人，也有坏人。这主要取决于德行的多少。
- 无论是对统治者还是对被统治者，"良好的国家政治"唯一真正的保障机制是基于美德的良好教育。

[僭主制]

- 僭主制（独裁制）站在了所有国民的对立面，所以本身具有不稳定的特点。再加上内战一触即发，所以要用镇压来维持自身的统治地位。典型的方法包括以下几种：
  - 打压杰出的人才
  - 禁止政治结社
  - 抑制教育，使国民只考虑日常小事
  - 人们相互监视，助长社会不正之风
  - 在各地安排特务
  - 频繁发动战争，将国民的注意力转向外敌
- 但僭主最终还是昙花一现，随后遭到流放，而僭主制也被寡头制或民主制所取代。
- 有一种方式可以将僭主制继续维持下去，那就是僭主必须倾听国民的不满，并努力施行善政。这也就意味着僭主制变为了君主制。

寡头制的理想形式是"贵族制"

在任何国家，少数富人或精英群体与占大多数的穷人群体之间都存在着较大的冲突。如果前者在国家政治权力中占据优势，国家就会变成寡头制；而如果后者占据优势，就会变成民主制。换言之，大多数国家的政治制度都趋向于寡头制或民主制。然而，这两种制度又包括了多种不同的类型。比如，寡头制可以分为四种类型。

最突出的一种类型是"贵族制"。这里的"贵族"并不是指所谓的豪门望族出身的人，而是指具有高尚品德和能力的精英阶层。国家的政治事务基本都是在法律的规定下运转的，而法律没有涉及的部分则由贵族进行裁定。但是，贵族群体必须通过选举产生，这样就保证了参与国家政治事务的人员的质量。

然而，当权力集中在少数精英群体手中时，就很容易出现政治上肆意妄为的现象，从而腐蚀政治制度。比如，提高参政权的门槛。只有那些拥有巨额财富的人才能参与国家政治，而其他人的声音则被忽略。这是该制度的第一种异变。

如果进一步恶化，市民要么没有选择权，要么选择受到限制。这种时候，选举不再有任何意义，而是变成了精英阶层之间相互选择的一场政治秀。换言之，国家公职几乎完全沦为世袭制。这是该制度的第二种异变。

最后，精英阶层通过世袭建立了稳定的政治地位，开始无视或篡改现有的法律，随意操纵国家事务。这是该制度的第三种也是最糟糕的异变。

寡头制就其本质而言，注定比民主制更不稳定。所以，为了稳定这种制度，必须注重公平和秩序，并实施民主性的措施。除此之外，重点还应包括给予民众中最优秀的人以参政权，同时遏制精英阶层的利益和权势，并严厉打击违法和贪污腐败行为。政治不稳定其实就源于民众内心的不公平感和对统治阶层的不信任感。

图表 6-3　寡头制的四种类型

[好的寡头制]

·贵族制：民主制的良好变异。
·为了确保参与国家政治事务的人员的素质，需要满足一定的资格条件，各种职位的人员均由选举产生。各项事务均在法律规定下运行，那些法律没有涉及的部分则由当选的官员做出裁定（第一种类型）。

[坏的寡头制]

·获得参政权的门槛变得更高。只有拥有巨额财富的人才能参与国家政治（第二种类型）。
·虽然举行选举仪式，但变为了精英阶层之间相互选择的一场政治秀。众多市民或是没有选举权，或是从一开始就只被允许从规定好的世家大族中进行投票。如果这种情况再度恶化，国家公职几乎会完全沦为世袭制（第三种类型）。
·最后，国家政治由世袭的公职官员控制，他们掌握了实权，游走在法律界限之外（第四种类型）。

民主制并非总是优越的

另一方面，民主制也有五种类型。现代人往往凭感觉认为民主制比独裁制和寡头制更优越，但亚里士多德并不这么认为，这是因为他考虑到了在伯罗奔尼撒战争之际，雅典在众愚的社会环境中逐渐没落这一历史教训。

民主制的基本理念是自由。在这一理念下，国民能够不受任何约束自由自在地生活。民主制的实现取决于自由能够在多大程度上得到保证。自由的程度不同，各个民主制的类型也会有所差异。民主制的成败取决于人们是否认识到，不仅是少数有权势的人，也不仅是普通民众，包括富人在内的所有国民都平等地享有权利。

最理想的国家政体是各种公职人员都由国家各个阶层的选民选举产生，并在法律的支配下运转。如果政治能保持这种状态，国家就能发展壮大，大多数国民就能享受自给自足的生活。

这种民主制的一种变异是，农民和拥有超过一定数量财产的人都被承认为国民。虽然各种公职人员都是通过类似抽签的程序任命的，但国家政治事务基本上是依法管理的，市民对国家高度忠诚。然而，远离城市的农民要想参加市民大会（政治集会）并非易事，他们会派代表轮流参会。

接下来是第二种类型。这种类型的典型例子是希罗多德在《历史》中描绘的雅典。在希波战争中，人们冒着生命危险捍卫国土和家园，最终击退了波斯帝国。

在第三种类型下比在第二种类型下更容易获得国民资格，因为这种制度对财产的要求降低了，大多数人都能成为国民，这更接近真正意义上的民主制。

第四种类型则完全消除这种障碍，每个人都可以享有国民的权利，其中包括不稳定的城市劳动者。出席国民大会的费用由国库支付，各种公职人员的任命由抽签决定，因此他们有机会当选为国家公职人员，这也意味着人们有了更大的政治发言权。

在第五种类型中，政治实权交给了强大的民众领袖，法令经常通过由民众控制的国民大会来公布。法律被无视，各公职人员的权威遭到挑战。

掌握实权的民众领袖很快就成了僭主，并建立了独裁政权。从超越法律规定的界限、权力世袭等种种行为来看，这种类型与绝对君主制类似，但两者的本质区别在于是否有德。无视美德的僭主制可以说是最糟糕的统治制度。

图表 6-4　民主制的五种类型

[理想的民主形式]

· 国家在不断发展，大多数人享受着自给自足的生活。各种公职人员都是由国家各个阶层的选民选举产生，并在法律的支配下运转（第一种类型）。

[古希腊的民主]

· 国民由农民和相对富裕的人组成，类似过去的民主政治（第二种类型）。获得国民权利需要一定的财富水平，但对财富水平的要求并不高。各类职位的任命是通过抽签进行的。政治会议对远离城市的农民来说是一种负担。农民按顺序担任各类公职，但国家政治事务基本上是依法管理的，对国家高度忠诚。希罗多德所称赞的在希波战争期间击败了大军的雅典民主制，符合这一描述。

· 随着民主国家变得更加民主，获得国民资格的门槛也降低了。首先，取消了财产地位的条件，因此，任何没有先天缺陷的国民都可以获得国民身份（第三种类型）。

· 下一步是完全消除这些门槛，以便任何国民都可以获得国民身份（第四种类型）。因此，不稳定的城市劳动者和临时雇工也包括在内。各种公职人员的任命通过抽签进行。参加国民大会的费用由国库支付，这些群体逐渐形成了一股政治势力。

· 最后将实权交给强大的民众领袖，经常通过由民众控制的国民大会来发布法令（第五种类型）。法律被无视，各公职人员的权威遭到挑战。据说这里设想的是雅典在伯罗奔尼撒战争失败后逐渐走向没落的民主制。

以上对寡头制和民主制进行了非常详细和全面的分析，后世出现的所有政治理论似乎都是《政治学》中各个理论的翻版。

是什么让国家政治恶化？

接下来，亚里士多德还提到了不良政治的共同点。

政治上的正确性意味着"平等"。然而，由于各个市民的立场不同，一个国家也就产生了不同的"平等"。当这一点不符合政治上的平等时，也就是当人们感觉受到不平等的对待且申诉无望时，就给社会埋下了内乱的种子。

例如，如果人们没有得到应得的利益，如果在名誉得失、法律的适用或惩罚方面存在不平等感，或者对他人施以傲慢轻视的态度，就会增加公众的不满情绪。或者，如果国民在出身、财富、习俗、教育、种族等方面存在差异，或权势不对等，可能导致选举不公，那么政治局势也会不稳定。

特别是在寡头制下，广大民众因国家的强迫和施压而发起暴动，导致国家政治局势动荡，并且在满腔怒火的民众中推选出一位民众领袖，从而建立了一个与精英阶层相对立的组织。若这位民众领袖曾在军队服役，往往会通过武力领导民众登上政治舞台，而后自己再成为僭主。此外，演说技巧的发展也催生了一大批没有军事经验，但能言善辩的民众领袖。这种模式下由民众领袖主导国民大会，国家将陷入众愚式的民主制泥潭。

此外，精英之间的纠纷和冲突也导致了国家政治局势的混乱。精英阶层的骄傲自大往往导致竞争、派系主义、优越感和嫉妒心的出现，从而造成无法挽回的损失。随后发展为权力斗争，精英们为赢得民众的支持而处心积虑地谋划，过程中甚至会发生武装冲突。最终，胜利的一方登上僭主之位，或者起来反抗的民众驱逐了精英，并走向民主制。还有一种情况是，遭到驱逐的精英们联合起来，在境外崛起后卷土重来，推翻了民主制，转向了寡头制。

无论何种情况，都是个人主义思想下的逻辑。无论是僭主制、民主制还是寡头制，若超过一定限度，最终都会走向失败，让国家陷入内战接连不断、社会一片疲敝的境地。这是亚里士多德对现实中的各种国家进行考察后得出的结论。

国家也需要恪守中庸

那么，良好的国家政治是什么样的？书中也考察了这一点。基本上是要避免上述几种不良政治制度，最重要的是不能偏其一端。这也是为什么亚里士多德主张僭主制、民主制和寡头制之间应该相互借鉴，形成一种中庸的政治制度。

如前所述，国家的政治体系由三个机构组成：议会（立法）、执行部门（行政）和法庭（司法）。因此，各个机构只要追求适度就能顺利运转。

议会（立法）是国家的最高决策机构，包括以下三种决策方式：

①所有事项的决定都由全体国民做出。

②所有事项的决定都由少数精英阶层做出。

③有些决定通过市民投票做出，有些则由当选者做出。

其中，①是一种糟糕的民主制度，②是一种糟糕的寡头制度。而将这两者合而为一的方式则是③，这种方式可能是最合理的。在议会下设立一个预备议会，这对于议会的正常运行也是至关重要的。

另外，必须事先决定各种行政和司法职位的数量、权力范围、任期、连任或不连任以及任命方法，同时也要考虑到每个职位所需的专业知识和经验。各官员应向议会做工作汇报，并在此基础上确定好双方的角色分工和权力范围，这样做是为了彼此之间相互制衡，防止失控与无序。

亚里士多德还指出，与神相关的仪式不应属于国家政治的范围，而且应该实行政教分离的政策。这一主张非常具有现代色彩。

在任何情况下，重要的是确保议员和公职官员中要包括不同阶层的市民代表。当然，举行选举是必要的举措，有时还必须通过抽签来防止不公现象的发生。此外，他主张对政治集会实行奖惩措施，以鼓励更加广泛的市民阶层参与政治生活。从中我们可以看到亚里士多德对社会公平公正的重视程度。

此外，亚里士多德反复强调的另一件事是需要培养德行。如前所述，国家的掌权者往往会走向极端：如果是民主制度，就会走向极端民主；如果是寡头制度，就会走向极端寡头。每个掌权者都有自己的支持基础，通过给他们带来利益，从而确保自己的统治地位。

为了防止出现这种情况，应将两种制度混合起来，相互借鉴，但最重要的是要发展市民教育。当在正义与自身的利益得失之间做出权衡时，正是美德使他们选择了正义。如果大多数人都选择了正义，那么整个国家就可以说是充满美德的国度。

图表 6-5　亚里士多德的结论

- 亚里士多德在研究了各种国家政策后发现，试图将国家政策推向极端的行为都会成为内战的祸根，而在内战中获胜的一方，若推行同样的极端政策，也会埋下内战的种子。
- 创造稳定的国家政治局势的唯一途径是听取各阶层市民的不满之处，并推行善政。换言之，所谓善政，就是向所有阶层的国民提供他们认为的平等，这意味着所有人都认可他们在追求幸福方面是平等的，他们相互拥有这样的权利。
- 政治掌权者应当具备被各阶层市民所广泛认可的素质。这一素质的具体内容在《尼各马可伦理学》的结论中有所讨论。
- 在一个由各种各样的人组成的国家中，"平等"是一种追求幸福的权利，应该得到所有市民的认可。什么是幸福？正如《尼各马可伦理学》中所详述的，幸福是在遵循美德的生活中产生的。

利用闲暇时间可以提高美德

一个国家的社会成员是由不同年龄、不同出身、不同职业、不同收入、不同意识形态和信仰的市民组成的。这里所说的平等，意味着所有市民都被赋予了追求幸福的权利。

然而，亚里士多德通过对现实中的国家进行考察，发现任何国家的政治都容易走极端，这就是社会内乱的根源所在，而如果内乱中的获胜者也推行同样的极端政策，那么内乱就会不断重演。

反之，防止某些势力肆意妄为的举措，会使政治局势更容易稳定下来。为了实现这一目标，有必要建立一个能够公平公正地处理所有阶层的要求和不满的国家，反映在政治中就是所谓的"善政"。

为此，建立制度和法律是必要的，但更重要的是使整个国家充满美德。不仅国家掌权者需要有德行，各级市民也需要完善自身的德行。然而，亚里士多德的观点是，比起完善每个人的个人素养，更重要的是鼓励民众培养政治上的习惯。这就是为什么亚里士多德的《尼各马可伦理学》和《政治学》几乎有着相同的学术地位。

此外，亚里士多德还强调"闲暇"，即休闲时间的重要性。人们向往和平并从事某种工作，目的是获得休闲时间。那么，人们是如何度过休闲时间的呢？休闲时间利用得越有意义，就越能滋养"美好的灵魂"。在这个过程中，国家有两件事要做：给市民闲暇时间，并教育他们如何有意义地利用这些时间。

这种观点也反映在教育论中。长期以来，人们认为必不可少的四个教育领域是阅读写作、体育、音乐和绘画。其中，亚里士多德反对将音乐视作娱乐而非教育的观点，他的理由是：

"人们之所以首先把它（作者注：音乐）设定为一种教育形式，是因为自然本身不仅要求人们有正常工作的能力，还要求人们能够过上舒服的休闲生活……因为如果两者都是必要的，但人们更希望得到休闲，而且心向往之，那么我们就必须探讨人们在休闲时间里要做什么。显然，并不是游戏。"

对亚里士多德来说，"游戏"是一种休息，是继续工作的良药。也就是说，游戏与工作有着密不可分的联系。但休闲是独立于工作之外的，它的存在是为了让个人能够花费时间和空间来追求幸福。如果这能滋养"美好的灵魂"，我们就可以看到它是多么地有价值。教育的目的之一是帮助人们获得这种品质。

这一理念的延伸就是今天的人文科学。在现代社会中，儿童可以专心学习而不用去工作。而作为更高层次的教育，西欧社会的大学已经开始通过学习经典文献来滋养德行。《政治学》写于大约 2400 年前，然而，在现代读者看来，它的内容却一点也不显得老套，这是因为它的思想能够直击人类社会中正义与非正义、善与恶等价值观的本质。

这就是为什么苏格拉底和柏拉图等的希腊哲学思想被纳入后来的基督教哲学体系，成为西欧社会的核心思想，然后传播到美国，并最终成为全球社会核心价值体系的源头。在接下来的章节中，我们将回顾这一宏伟的进程。

亚历山大大帝东征中催生的希腊主义

希腊哲学的诞生过程离不开历史上诸多英雄的推动，比如亚历山大大帝（公元前 356 年－前 323 年）。

亚历山大大帝在 16 岁之前一直师从亚里士多德，20 岁时从父亲腓力二世手中继承了马其顿王国的国王之位，在位期间大部分时间都在亚洲和北非地区进行东征，30 岁之前就建立了一个从希腊到印度西北部的庞大帝国。他的戎马一生从未打过败仗，因此被称为历史上最成功的军事指挥官。

东征始于公元前 334 年发起的对阿契美尼德王朝波斯帝国的入侵，他击败了大流士三世麾下的强大帝国军队，征服了整个波斯帝国。从那时起，他的统治范围就扩张到了印度河流域。

这不仅仅是一场充满硝烟的战争。他在所征服的每一个地方都建立了新的希腊风格的城市，并以自己的名字将其命名为"亚历山大"。之后，希腊文化传播到了东方，并与当地古老的东方文明交融汇合，产生了一种被称为"希腊主义"的新文明。

其中最著名的是位于埃及地中海沿岸的亚历山大港，建于公元前332年。位于同一处的还有后来建造的亚历山大图书馆，据说馆内存有70万册藏书（说法不一），吸引了大量来自世界各地的诗人和学者。因此，该城市成为一个繁荣的希腊文化中心。以此为起点，古希腊伟大哲学家的思想不仅在地中海世界，甚至在全球范围内逐渐大放异彩。

公元前47年，当罗马帝国的英雄凯撒大帝（Julius Caesar）入侵托勒密王朝埃及的时候，该图书馆在战火中毁于一旦。之后虽然被重建，但是由于基督教徒认为它是一个异教组织，在4世纪末时再次被摧毁。

无论如何，亚历山大大帝始终将亚里士多德尊为"最伟大的老师"。他甚至写道："我虽是腓力二世所生，但我是从亚里士多德那里学会了高贵的生活。"与亚历山大大帝一起跟随亚里士多德学习希腊文化精髓的学友们，后来也成为辅佐亚历山大大帝的将军。亚里士多德也很关心亚历山大大帝，据说在大帝东征期间，他还写了《王道论》和《殖民论》并送给了大帝。直到大帝去世之前，两人都一直保持着书信往来。

此外，"亚历山大"是希腊语的读音，在英语中是"Alexander"，在阿拉伯语、波斯语等语言中是"Iskandar"。这个名字在《旧约》、《古兰经》、拜火教、《列王纪》（Shahnameh，记录伊朗神话和历史的伟大史诗），以及许多其他民族的文献中均有出现。历史上的军事英雄，如对古罗马造成威胁的古代迦太基将军汉尼拔、凯撒大帝和拿破仑，也都被冠以"大帝"的称号。

亚历山大大帝东征的足迹

① 征服希腊全域

　　在公元前 338 年的凯罗尼亚战役中，他的父亲腓力二世击败了雅典与提亚的联合军，迫使希腊的各个城邦缔结了科林斯联盟条约，并掌握了希腊全域的主导权。此外，腓力二世还曾计划东征波斯，但于两年后，即公元前 336 年遭到暗杀。

　　继承马其顿国王之位的亚历山大大帝，征服了希腊的各个城邦，并在整个希腊建立了霸主地位。

② 向波斯进军

　　公元前 334 年，亚历山大大帝踏上了东征波斯之路。在格拉尼科斯河战役中击败了小亚细亚联合军。在向东进军的途中又击退了驻扎在小亚细亚的波斯军队。

　　公元前 333 年，他在安提阿西北部的伊索斯遇到了大流士三世亲自率领的 10 万波斯军队（伊索斯之战）。此战获胜后，波斯主动向他求和，但他拒绝了，继续麾军前进。

③ 征服埃及

　　公元前 332 年至前 331 年，在征服了顽强抵抗的腓尼基的特洛斯（现在的蒂尔）和加沙之后，亚历山大大帝进一步南下，进攻了波斯人统治下的埃及。埃及人认为亚历山大大帝解放了埃及人，于是将其尊为法老，然后在尼罗河三角洲的西部修建了亚历山大港。

④ 阿契美尼德王朝的衰亡

公元前 331 年，在底格里斯河上游的高加米拉击败了大流士三世领导的波斯军队（高加米拉之战），此后大流士逃到了里海的东岸。

亚历山大大帝入侵了波斯帝国的中心地区，洗劫了巴比伦和苏萨等主要城市，在追捕大流士的过程中彻底攻陷并摧毁了首都波斯波利斯。

公元前 330 年，大流士被其亲信贝索斯暗杀。亚历山大大帝向反抗的贝索斯发起了进攻，将其逮捕后进行了公开处决。

⑤ 占领中亚

亚历山大大帝入侵中亚的过程中也遭到了顽强的抵抗。从公元前 329 年到前 327 年，在索格狄亚那和巴克特里亚之间发生了惨烈的游击战。他们还受到了斯基泰人的攻击，亚历山大大帝和他的部下之间出现了信任危机。

⑥ 进军印度，结束东征

公元前 327 年，亚历山大大帝开始远征印度。在奥诺斯（Aornos，地点不详，有说法称是在今巴基斯坦境内）进行了他生命中的最后一次包围战，并最终取得了胜利。第二年，即公元前 326 年，亚历山大大帝渡过印度河，入侵了旁遮普地区。他在海达斯佩斯河会战中平定了当地的各个部落，并征服了被称为印度最勇猛的卡泰奥伊人。接着，他还试图进军印度中部，但疲劳过度的士兵对此表示抗议，于是他不得不折返军队。军队沿着海德拉奥提斯河（今拉维河，印度河的一条支流）向南进军，一路驱逐残余敌军，最终到达了印度河的河口。从那里，他们通过海路穿过波斯湾，到达了幼发拉底河的河口。通过上述远征航行，世人逐渐了解了该地区的地理状况。

⑦ 亚历山大大大帝的突然死亡和帝国分裂

帝国重组了波斯、马其顿和希腊（科林斯联盟）三个地区的秩序，形成了一个以亚历山大大帝为主导的联盟。他通过积极地起用波斯人，促进了波斯人和马其顿人之间的交流融合。

回到巴比伦后，亚历山大大帝计划远征阿拉伯，但公元前 323 年，在某天晚上的宴会上，亚历山大大帝突然倒下了，死亡时年仅 32 岁。

亚历山大大帝死后，帝国逐渐分裂为托勒密王朝埃及、塞琉古王朝叙利亚和安提柯王朝马其顿三个国家。

第7章

从繁荣的罗马时期到中世纪基督教的统治时代

希腊主义的普世价值

如前一章所述，以亚里士多德为代表的希腊思想，是由他的学生亚历山大大帝在东征时传入亚洲，并与当地的东方文化相结合，产生了所谓的希腊主义。

在希腊神话中，有一位名叫赫楞（Hellen）的英雄。古希腊人受此启发，称自己为"Hellenes"，意思是"赫楞之子"，他们的土地被称为"Hellas"，"Hellenism"的说法由此而来，意思是"希腊主义"。其中，以下人物的成就至今仍广为流传，包括前文已提到的希罗多德和亚里士多德。

政治家：梭伦、伯里克利、亚历山大大帝等；

历史学家：希罗多德、修昔底德等；

哲学家：苏格拉底、柏拉图、亚里士多德、第欧根尼、色诺芬尼等；

数学/几何学：毕达哥拉斯、欧几里得、阿基米德等；

戏剧家：埃斯库罗斯、索福克勒斯、欧里庇得斯、阿里斯托芬等；

医学：希波克拉底等。

从中可以看到，这些伟人都是奠定了现代西方文化艺术根基的人物。从时间上看，他们几乎都集中在公元前6世纪到前4世纪这段时期。

为什么当时的希腊会催生这么多杰出的人物？也许这并不是巧合。与美索不达米亚（今伊拉克）和埃及等所谓的四大文明相比，希腊文化是一个产生较晚的新兴力量。在与先进文明交融互通的同时，也产生了摩擦和冲突，因此不得不发挥所有的智慧来与之对抗。

正因为这些文化和艺术克服了那个时代下的重重挑战，才对人类具有普世价值。希腊文化艺术与东方文化融合，并催生了希腊主义就证明了这一点。希腊主义也对后世文化艺术的发展产生了深刻的影响。

如今，学习希腊主义正是通识教育的核心内容。通过研究西方文明的基本内涵，我们努力重温当时的人类思考了些什么、构建了些什么。这个过程也直接关系到我们现代人在生活中应该思考些什么、构建些什么。

其实，希腊主义经历了一段非常奇妙的旅程才得以流传到今天。我们将在接下来的章节中追溯其足迹。

学术思想的中心——亚历山大图书馆

在我看来，世界历史以大约 500 年为一个周期，每个周期会经历一次巨变。首先是亚历山大大帝东征后，罗马从一个共和国崛起为帝国，并不断扩张领土的 500 年；然后是基督教出现，遭受迫害后成为罗马帝国的国教，最终发展为世界宗教的 500 年；最后是罗马帝国走向衰落，希腊主义传入伊斯兰世界，而后又在欧洲复兴的 500 年。以上概述了 13 世纪之前的历史。

公元前 323 年，亚历山大大帝突然去世，引发了一场继承权之争。

马其顿随之分裂为三个独立的国家：托勒密王朝埃及、塞琉古王朝叙利亚和安提柯王朝马其顿。其中，由亚历山大大帝修建而成的亚历山大港——托勒密埃及的首都将希腊文明发扬光大。

托勒密一世，王朝的第一任法老，与亚历山大大帝同为亚里士多德的学生，据说也有很深的学问造诣。此后，地中海沿岸的亚历山大港作为经济贸易中心逐渐繁荣起来，并用积累起来的财富在当地建立了博学园（Mouseion）。

其继任者托勒密二世在执政期间，在亚历山大城建立了亚历山大图书馆，据说是世界上最大的图书馆。图书馆的修建吸引了来自希腊和世界其他地区的众多学者，并收集了大量的文献典籍。此后，这座城市不仅成为希腊主义的中心，也成为当时知识交流和学术研究的中心。

公元前30年，在著名的克利奥帕特拉女王统治时期，托勒密王朝埃及在与罗马帝国的交战中战败，成了罗马帝国的一个附属国。尽管经历了无数次的危机，博学园及亚历山大图书馆作为学术交流中心的地位依旧岿然不倒。也正是在这里，希腊主义的思想文化代代传承了下来。

亚里士多德预测到的罗马政体的变迁

为了取代欧洲已然没落的希腊，拉丁民族逐渐在希腊以西的意大利半岛上起势，这个国家就是罗马。从公元前3世纪左右开始，罗马多次与邻国发生战争，到前2世纪中叶，其领土已经扩张到整个地中海地区。

当时，罗马实行的是以元老院为代表的共和制，由贵族担任议员。元老院名义上相当于国会的"民会"咨询机关，但实际上是政治统治机构。

议会成员是终身制的，但也并非任何贵族都能成为议员。首先，他们必须出身世家大族，并且拥有 10 年左右的军队经历，还能将市民的利益置于首位。

实际上，那些通过经营大型农场等方式积累了财富的人，会跃升为贵族，从而当选管理国家事务的元老院成员。可以说，当时的罗马在所谓的共和制度的框架内，同时维持了精英阶层主导下的贵族政治制度。这些阶层的人不再需要积累财富，而是更为关注市民的生活并施行良政，从而创造一个和平稳定的社会。

共和时期的罗马实行的政治制度接近亚里士多德在《政治学》中描述的理想政治制度。统治阶级，即贵族，都具有清廉的品行，是市民的服务者。

然而，从公元前 2 世纪开始，战争胜利后，随着大量奴隶和廉价粮食开始从附属地流入，农场管理方法发生了变化。大规模的农场必须使用奴隶来扩大规模，否则就会被淘汰。由于该地区人口数量增加，不可能再像从前一般周到地顾及每个人。

此外，参议院中的一些"赢家"利用特权，优先考虑自身的个人利益，导致议员质量下滑。那些在战场上靠武力制胜的人，即使是平民，也想要担任政府职位，包括元老院议员的席位。

另一方面，中等规模以下的种植园和在军队中服役的平民阶层开始没落。此外，大量奴隶被迫在恶劣条件下劳作。如此一来，整个社会的贫富差距扩大，人们的焦虑和不满情绪激增，社会不稳定因素倍增。这种政治动荡从公元前 120 年左右开始，持续了近一个世纪，这段时期也被称为"内战的世纪"。共和政治制度由此开始土崩瓦解。

内战世纪的象征性事件是公元前 73 年角斗士斯巴达克斯的叛乱。叛军势力逐渐膨胀，巅峰时期甚至达到了十几万人。

为了镇压这次叛乱，元老院派出了大量军队。在叛乱中发挥积极作用的士兵克拉苏和庞培，在市民中的声望急剧上升，后来担任了政府的重要职位。最终，时任元老院议员的朱利叶斯·凯撒加入，他们三人合力推翻了元老院，掌握了国家政务的实权。

此后，由于得到了民众的大力支持，再加上军事和经济力量的因素，他们三人最终夺取了罗马的政治权力。换言之，罗马从元老院下的贵族制和市民大会下的共和制，逐渐过渡到以三人为首的寡头政治制度，被称为"三头政治"。

然而，这个政治制度很快就瓦解了。克拉苏在远征中战死，庞培在与凯撒的战斗中失利，逃到埃及后被暗杀，而试图加强独裁统治的凯撒也被其心腹布尔图斯等人杀害。

然而，罗马后来并未恢复共和制。继任者屋大维赢得了内战，并于公元前 27 年称帝，当时他被授予"奥古斯都"（尊贵）的称号。罗马帝国时代从此拉开帷幕。

以上这些事件与亚里士多德在《政治学》中叙述的观点惊人地相似，该观点在上一章中已经介绍过。贵族制虽然由少数人统治，但也很容易成为一个好的政府，可如果被一己私利驱使，就会很快沦为寡头制。最理想的是由多数人参与的共和制，可一旦差距扩大，就会立即陷入众愚的泥潭。而寡头制和众愚下的民主制都是无法长久的。之后，罗马进入了帝国时期，从不同的观点和立场来看，帝国时期的帝制也存在君主制时期和僭主制时期。我想，这就是亚里士多德的独到之处。

这里要说到的是，与凯撒同一时代，罗马有一位政治家和哲学家，名叫西塞罗，他精通希腊哲学。由于西塞罗的政治思想倾向于寡头政治，他计划按照《政治学》的主张，将罗马改革为共和制。他是否参与了刺杀凯撒的行动，我们不得而知，但毫无疑问，他称赞了他曾经的友人——布尔图斯等杀害凯撒的凶手。然而，也正因如此，他引起了凯撒的亲信下属安东尼奥斯的憎恨，在凯撒死后一年被其残忍杀害。

图表 7-1 罗马共和体制的构造

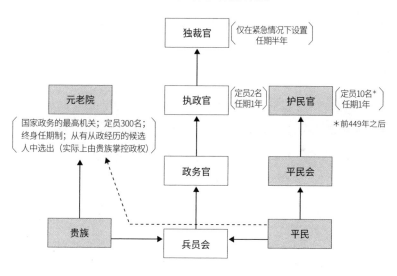

皇帝们所信奉的斯多葛哲学学派

西塞罗还完成了另一项重大任务，他将希腊哲学书籍翻译成拉丁文，逐渐在罗马的精英阶层中间传阅开来。其中，西塞罗尤为信奉斯多葛学派的哲学思想。

公元前 4 世纪末，当亚历山大大帝结束东征时，一位来自塞浦路斯的商人芝诺在其商船失事后漂流到了雅典。据说他偶然路过一家书店，在那里读到了色诺芬尼的《回忆苏格拉底》。这本书深深地触动了他，于是他开始了冥思之路，并形成了自己的哲学。后来，因他在雅典的彩色画廊（Stoa Poikile）讲课，"斯多葛"（Stoic）这一哲学学派别由此得名。

由于流传下来的文献资料非常少，我们对斯多葛学派了解得并非十分透彻。然而可以确定的是，该学派下形成了逻辑学、自然学以及伦理学，并将达到"不动心"作为最终的理想追求。因此，重要的是培养智慧、勇气、正义和节制这四种美德，以对抗和压制欲望和痛苦情绪。

西塞罗还指出，美德符合事物的自然秩序，每个人都有能力追求美德。问题是，我们没有意识到自己的无知，也没有努力去掌握必要的知识。在这个领域，可以感受到苏格拉底的影响。顺便说一句，"stoic"也是"ascetic"一词的词源，意思是禁欲主义。

这种思想在罗马帝国的精英阶层中广泛流传，并被广为接受。在向帝国过渡后，罗马没有产生那么多所谓的暴君。事实上，从公元 1 世纪末到 2 世纪末的这段时期被称为"五贤帝时代"，当时在位的皇帝努力治理国家，使得这一时期的国家保持着和平稳定的社会局面。根据亚里士多德《政治学》的分类，当时的罗马虽然处于独裁制度下，但并未沦为僭主政治，而是一直保持着君主制的形态。

原因可能有多种，但斯多葛学派思想无疑是其根源所在。在这个学派的影响下，国家领土不断扩大，政治局势保持稳定，这一系列事实表明，斯多葛学派思想中确实闪耀着真理的光辉。

民生疲敝中催生了救世主耶稣

希腊主义对罗马社会产生了深远的影响。希腊主义与曾是边疆宗教的基督教结合起来，不仅使其成为国教，而且使其成为权力高于世俗国家的宗教组织。

首先，让我们追溯基督教产生的历史。大约在公元前 4 年，在巴勒斯坦的加利利地区（今以色列北部），一个犹太人，即耶稣基督诞生了。

《新约》中的福音书是了解耶稣基督生平的唯一来源。耶稣死后，由他的门徒和同伴——马可、马太、路加和约翰分别写下了四个版本。

书中对于耶稣的童年和青少年时期鲜有记载。耶稣直到 30 岁左右才开始从事宗教活动。他宣扬"神的国度要降临"，并创造了许多奇迹，如在加利利的贫困居民区治病救人，并让死人复活。因此，他吸引了众多信徒，其中就包括十二门徒。对在罗马统治下遭受迫害的犹太人来说，耶稣无疑是一个救世主。

"福音"一词指的是耶稣告诉他的门徒和众人的好消息。然而，这不一定是准确的记录，因为这只是由他的信徒后来加工整理或口述而成的。人们认为有些段落是为了传教而记录下来的。尽管如此，他谈论上帝时独特而果断的口气，以及对社会弱势群体开放、包容的态度都符合历史事实。

然而，正因如此，耶稣的宗教活动只持续了两年左右就结束了。公元30年左右，他被犹太人抓获，在罗马判处死刑，最终被钉死在耶路撒冷郊区的各各他山上。

然而，据说死后第三天他就复活了，并出现在门徒和其他众多信徒的面前。由此产生了"耶稣仍然活着""他通过让自己钉死在十字架上为全人类赎罪"，以及"他将在世界末日时再次出现在世界上（第二次降临）"之类的说法，从而产生了信仰耶稣的原始基督教。"基督"在希腊语中是"救世主"之意。

为什么耶稣被犹太人钉死在十字架上？

为什么耶稣会被他的犹太同胞判处死刑呢？要理解这一点，就需要了解犹太人遭受迫害的历史和犹太教这个宗教。了解这些信息的唯一来源是《旧约》。

根据《旧约》推断，犹太教的先知亚伯拉罕在公元前17世纪之前就迁移到了迦南（今以色列和巴勒斯坦附近）。然而，随着土地资源逐渐枯竭，犹太人开始成群结队地迁往埃及。虽然一开始他们受到了法老的优待，但法老换代后，他们不再被重用，甚至沦为了奴隶。他们自称是以色列人，但当时其他民族视他们为希伯来人。

为了摆脱这种糟糕的状况，大约在公元前13世纪，作为领袖的摩西带着他的同族人，试图逃离这里。这一事件被称为"出埃及记"。途中，他们被红海挡住了去路，但当摩西向耶和华上帝祈祷时，海就分开了，并开辟出了一条路，这个故事成了一段佳话。还有人说，摩西在西奈半岛的西奈山顶上从耶和华那里得到了基督教的十诫教律。最终，经过 40 年的漂泊，他们回到了迦南，即"应许之地"。

之后大约在公元前 11 世纪, 该地区建立了以色列王国。第二任国王大卫王在耶路撒冷建都，他的儿子，即第三任国王所罗门王在耶路撒冷建造了雅赫维圣殿（第一圣殿）。

然而，所罗门王死后，内部各部落之间开始发生冲突。公元前 922 年，北部部落独立，建立了一个新的以色列王国。经过 100 年的南北分裂，包括耶路撒冷在内的南部地区则成为"犹大王国"。

公元前 722 年，以色列王国被亚述帝国征服并灭亡。犹大王国也遭受了消灭亚述帝国的新巴比伦王国的攻击, 并于公元前 586 年灭亡。这时，耶路撒冷被彻底摧毁，大部分居民被带到新巴比伦，他们被称为"巴比伦之囚"。以色列人失去了他们的祖国, 从此成为"犹太人"，意思是"旧犹大王国的人"。

目前尚不清楚他们在新巴比伦的处境如何。但看来他们至少不是作为奴隶，而是作为被迫移民的一个群体。然而，失去了家园和象征信仰的圣殿后，他们遇到了身份认同危机。因此，他们开始寻求办法，来防止自己失去民族信仰和民族自豪感。最终，他们确立了妥拉（Torah）和犹太会堂（Synagogue）。

妥拉是耶和华与犹太民族之间的盟约，指的是作为一个信徒的日常生活义务和规则，也指《旧约》中的摩西五经（创世记、出埃及记、利未记、民数记和申命记）。犹太会堂是犹太人的教会，是信徒们聚集在一起研究妥拉律法、宣扬信仰的地方。这些延续至今的习惯，其起源可以追溯至"巴比伦之囚"的年代。

后来，在公元前 539 年，新巴比伦王国被希罗多德《历史》中提到的大国阿契美尼德王朝波斯帝国所灭。获得自由的众多犹太人回到了迦南，并在耶路撒冷重建了雅赫维圣殿，这被称为"第二圣殿"。

然而，犹太人并没有达到能够重建一个独立国家的程度，之后陆续被波斯帝国、亚历山大大帝的马其顿王国所统治，并从公元前1世纪左右沦为罗马的一个附属地。

正是在这个时代，耶稣诞生了。如上所述，他的思想终归只是犹太教中拥有众多信徒的一个教派。然而，在整个犹太教领袖的眼中，他是一个异端，是对上帝的亵渎。

首先，尊重与上帝的契约和遵守妥拉律法是犹太教教徒的先决条件，但是耶稣非常强调邻里之爱，并声称可以为此打破妥拉律法。

最重要的是，耶稣称自己是"上帝之子"，但在犹太教的教义中，上帝没有肉体，是不可见的。因此，他们不承认耶稣是"救世主"，也不相信他被钉死在十字架上是为全人类赎罪。

后来，犹太教仍是一种民族宗教，但耶稣的思想却发展壮大，形成了基督教，通过他的门徒积极宣传教义，加之编撰《新约》，以及罗马帝国时期将基督教奉为国教等一系列原因，基督教最终发展成为世界性的宗教。

柏拉图的著作和《旧约》的共同点

犹太教/基督教和希腊主义之间也存在着一层关系。最初，《旧约》是用希伯来文写的。所谓《旧约》是信奉《新约》的基督教对它的称呼，也是犹太教唯一的"圣经"。从公元前250年左右开始，它被翻译成当时的世界官方语言——希腊语，名为《七十士译本》。

上文提到的位于埃及的亚历山大港在这个过程中发挥了重要作用。当时的法老托勒密二世和托勒密一世一样，有很深的文化学术造诣，并且修建了亚历山大图书馆。

翻译也是其中一个重要环节。可能是由于历史上犹太人在此流浪过，目前在亚历山大城有大量不懂希伯来语的犹太人居住。传说十二个犹太部落中的每一个部落都有六名长老被召集到亚历山大，七十二人一起完成了《妥拉律法》（摩西五经）的翻译，所以称其为《七十士译本》。

这本《圣经》在基督徒中的接受度比在犹太教教徒中更高。《新约》包含许多取自《旧约》的经文，但都是以《七十士译本》为基础。据说，保罗和耶稣的其他门徒在传教时都随身携带着这本书。后来，希腊语的译本作为源文本，进而又被翻译成了拉丁语等各种语言。毫无疑问，在基督教向全世界传播的过程中，希腊语发挥了不可泯灭的作用。

不仅如此，在耶稣生活的年代，亚历山大港有一位名叫菲隆的犹太哲学家，以结合希腊哲学思想来解释犹太教的教义而著称于世。他尤其受到柏拉图《蒂迈欧篇》（《雅典学园》作品中柏拉图左手拿的书）的影响，认为《旧约》和柏拉图哲学有着共同之处。

在《蒂迈欧篇》中，有一个创世者名叫得穆革（Demiurgos），他模仿理想中的"理念"，创造了现实世界。菲隆认为，如果把得穆革视为上帝，那么这个故事就与《旧约》中的《创世记》有共同之处，他还将柏拉图比作"希腊的摩西"。

另外，如本书第四章所述，在柏拉图的《理想国》第十卷中，有一节内容是"厄洛斯的故事"。它讲述了勇敢的战士厄洛斯在战斗中不幸身亡，但在第十二天神奇复活，并向世人讲述了他在"另一个世界"的所见所闻。

根据这个故事的说法，人死之后，灵魂要接受法官的审判。如果生前道德高尚，就会受到祝福并被送往天国；如果生前形迹恶劣，就会被送往地狱，并将受到严厉的惩罚。而且，无论生前是善是恶，经过 1000 年的轮回后，灵魂都会复活。喝下忘川河的水之后，他们就会忘掉一切，获得新的生命，继而重返人间。

厄洛斯的故事与犹太教以及基督教中讲述的"最后的审判"非常相似。在世界末日来临之际，上帝将会出现，而所有的人类，包括生者和死者都将接受审判。这两个故事中也都划分了天国和地狱。

然而，基督教虽然继承了犹太教的世界末日论，但这个故事后来发展成了由耶稣代替所有人类承担罪孽，将人类从惩罚中救赎出来。这就是犹太教和基督教的矛盾所在。

基督教的思想基础——新柏拉图主义

在亚历山大港也出现了一个教派，他们从不同的角度诠释柏拉图的哲学思想，被称为"新柏拉图主义"。

如第四章所述，柏拉图的许多著作采取了对话的独特形式，虽然语言平实，但要读懂他的意图却相当困难。反过来说，正因如此，才出现了各种各样的解释。

新柏拉图主义就是这样一个例子，它是由埃及哲学家普罗提诺在公元 3 世纪左右提出的，其特点是在柏拉图的理念论中加入了具有当时的东方神秘主义色彩的思想，使其更加完善。

据此，世界可以分为四个层级。最上层是"太一"，接下来是理智，再往下是灵魂，最下层是现实世界。万物的创造者皆是太一，从太一生出无限的能量，从而流溢出理智，理智流溢出灵魂，最后充盈整个现实世界，进而形成了世界。这就是"流溢说"。基于这种世界观，人类生存的目的是离开身体的现实，利用"爱"的力量逆流而上，直到接近太一的境界。

然而，直到 18 世纪，这种思想才被称为"新柏拉图主义"。普罗提诺本人将其视为对柏拉图哲学的正统诠释，而且他似乎也对基督教持否定态度。

然而，太一的绝对存在会让人联想到与"一神论"有关。因此，它与基督教相结合，成为其教义的基础。要想排除异教，就有必要将教义理论化，可以说，引用柏拉图的思想正是出于这一目的。正因如此，柏拉图的名字流传到了后世，阐述其理论的神学家和神职人员则被称为"教父"。

受新柏拉图主义影响最深的是奥古斯丁。他是生活在公元四五世纪的基督教神学家，对天主教教义的建立有突出的贡献。这极大地促进了基督教在罗马的国教化进程，并使之成为一种世界性的宗教。

奥古斯丁确立了基督教教义

奥古斯丁写了几部作品，最著名的是《忏悔录》和《天国论》。其中,《忏悔录》是一部自传，奥古斯丁在里面描述了他年轻时出国学习演说的情况，以及放弃了基督教而选择源于波斯的摩尼教的经过，同时也描写了他沉溺于肉欲和饮酒等放荡不羁的生活，以及他通过基督教得到了救赎。在他的一篇著作中，他说自己年轻时读过亚里士多德的《范畴篇》，发现它毫无用处。因为当时的学者经常讨论这本书，奥古斯丁身边的学生因为看不懂而放弃，他本来对这本书抱有期待，想看看其中的内容是如何的伟大，但后来他发现这本书很容易理解，于是感到非常失望。亚里士多德的高度实用主义和理性哲学似乎并不适合追求上帝的奥古斯丁。然而，这段记述也从另一个侧面反映了亚里士多德在当时是多么受知识分子推崇。

后来，奥古斯丁去了米兰，在那里，他受教于安布罗斯，并接触到了新柏拉图主义。他发现这种神秘主义和基督教之间有许多相似之处，于是重读并重新解释了《新约》中的保罗书信，最后决定转向基督教。

在《天国论》中，他提出了"两个世界理论"，即世界上有一个"天国"和一个"地国"。充满和平的天国是看不见的，但在沾染世俗的地国中可以通过教会来实现一个和平的国度。因此，他教导人们说，如果一个人有信仰，那么不管现实中的国家状况如何，他都可以通过教会来接近天国。

这一说法也让处于急剧变化的现实世界中的人们看到了希望。在日耳曼民族和中亚匈奴游牧民族的连续入侵下，西罗马帝国的国力也日益衰退，最终，皇帝在476年被赶下台，国家灭亡。另一方面，东罗马帝国一直存续到15世纪中叶，由于远离罗马，逐渐受到希腊文化的熏陶，也被称为"拜占庭帝国"。"拜占庭"一词源于君士坦丁堡的希腊语旧名"Byzantion"。

然而，无论哪个民族的哪个人登上帝位，基督教和教会依然都会处于掌权地位。这可能是因为他们把地国设想为是天国在现实世界中的体现。基督教不是一个受国家保护的宗教，而是一个可以超越国界、超越国家层面的被世人所信仰的宗教。国家还试图利用其威望作为权力基础来加强统治，这成了后来西方社会的基本结构。

如前所述，基督教最初只是受压迫的群体用以寻求救赎的宗教，但不久之后，就连至高无上的罗马教皇都向其俯首称臣，而它也发展成了西欧社会的架构基础。历史的魅力就在于此。

奥古斯丁确立了该宗教的理论基础，而该宗教的起源可以追溯至柏拉图的思想启蒙。

从学问的崩坏到"黑暗时代"

然而，在同一时期，有一部分信奉新柏拉图主义的学者失去了宝贵的生命。其中一个学者是一位名叫希帕蒂娅（Hupatia）的女性。她是新柏拉图主义的发源地——亚历山大港的哲学学校的校长。她是一位哲学家，也是一位有天赋的数学家和天文学家。然而，她的学说学术性和科学性很强，与基督教的神秘主义思想格格不入，因而她被基督徒视为亵渎神灵的异教徒，并遭到了教徒的敌视。

412 年，亚历山大港的基督徒开始大肆施暴，对异教徒和犹太人发起了大规模的迫害活动。在 415 年，暴徒将屠杀的矛头转向了希帕蒂娅。后来的众多文学和艺术作品中都描绘过这位女性的生平和死亡时的场景。前不久以此为主题拍摄了电影《亚历山大》(2009 年)。据说在这场迫害中死里逃生的异教学者携带着大量文献，逃往了非基督教地区，即东部的萨珊王朝波斯寻求庇护。

随后，拜占庭帝国（东罗马帝国）也对希腊主义进行了历史性的破坏。6 世纪，查士丁尼大帝统治时期，国家达到了全盛期，不仅夺回了曾被东哥特王国统治的意大利半岛和曾被西哥特王国统治的伊比利亚半岛，还扩大了其领土范围。尽管这一盛况是暂时的，但当时的领土范围甚至可以和罗马帝国时期的领土相媲美。此外，该时期还编纂了《罗马法大全》（现代大陆法的制订范本），建立了一套完备的法律体系，并在首都君士坦丁堡重建了宏伟的圣索菲亚大教堂（今圣索菲亚教堂）。

图表 7-2　罗马帝国灭亡后的世界

由于基督教拥有坚固而广泛的社会根基，异教和非基督教受到了严厉的打击和社会的排斥。他们有的被迫皈依基督教，如果不服从，就会在公开审判后被处决。此外，柏拉图在雅典郊外建立的阿卡德米学院和亚里士多德开设的吕克昂学院也被迫关闭。在当时基督教的胁迫下，900年来一直研究希腊文明的最优秀的学术研究机构退场。学者们带着柏拉图和亚里士多德的大量著作，逃往了东方。

之后，欧洲进入了所谓的"黑暗时代"。基督教和封建主义思想盛行，而希腊主义文明和其他传统文明都不复存在，整个国家的政治、经济、社会、文化都陷入了动荡和停滞的境地。直到大约500年后，即从11世纪开始，"黑暗时代"才结束。

与此同时，萨珊王朝波斯接纳了从西方逃来的学者，雇用他们在大学里工作，并将他们带来的文献资料保存在了图书馆馆藏里。消失的希腊主义文明在这里找到了新的生机。

希腊主义融入伊斯兰社会

后来的东罗马帝国称自己为"罗马帝国"，以文明世界的统治者自居，并且在最终的审判来临之前，一直将自己定义为一个"基督教国家"。皇帝是"万王之王"，享有至高无上的政治和宗教权威，是拥有元老院、市民和军队的"上帝在人间的代理人"。

然而，帝国的历史并非一派祥和稳定。从502年起，罗马帝国与萨珊王朝波斯之间的战争爆发了（阿纳斯塔西亚战争）。这场战争本身持续4年就休战了，但两国之间的紧张关系一直持续了近100年。两国为争夺叙利亚和埃及的粮仓地区而战，连年的战争使得两国都筋疲力尽。

前面讲过，罗马帝国一度夺回了以前的版图，但于543年暴发了鼠疫（黑死病），还不断受到来自北方的斯拉夫和阿瓦尔部落的进攻，远征的军费支出加上首都的修建，使得国家债台高筑。

萨珊王朝波斯于651年灭亡。在此之前的622年，出生于阿拉伯半岛麦加的先知穆罕默德创立了伊斯兰教，并迅速扩大了势力，大约10年内就控制了整个阿拉伯半岛地区。在他死后，其继任者哈里发与东罗马帝国作战，吞并了美索不达米亚、叙利亚、埃及、安纳托利亚（今土耳其在亚洲地区的领土）甚至萨珊王朝波斯。

倭马亚王朝由哈里发家族的倭马亚一族继承，一直到8世纪中叶，北非和伊比利亚半岛都处于其统治之下。在此期间，他们把首都从阿拉伯半岛的麦地那迁到了叙利亚的大马士革，以期扩展自己的势力范围。

之后，在阿巴斯王朝期间，改变了以往由阿拉伯人主导的国家体制，在新的制度下，即使是异民族，只要皈依伊斯兰教就不会受到区别对待。通过这项措施，阿巴斯王朝开始策划在更广阔的区域范围内统治其他不同的民族。真正的"伊斯兰帝国"开始形成。

762年，阿巴斯王朝为统领整个庞大的帝国，将首都迁到了巴格达。巴格达不仅是政治和经济中心，也是文化和学术交流中心，并发展成为当时世界上最大的城市。

正是从这时开始，这座城市在历史上发挥了举足轻重的作用。如前所述，在被伊斯兰势力覆灭之前，萨珊王朝波斯在其宫殿的图书馆中庇护了被东罗马帝国当作异教徒而遭受迫害的学者。

阿巴斯王朝也接收并继承了他们带来的文献资料和研究成果。据说阿拉伯人对学习有着近乎贪婪的欲望，这一点从穆罕默德的言论汇编《可兰经》（伊斯兰圣经）中的"寻求知识"这句话就可以看出来。似乎是为了将这句话付诸实践，830年，他们在巴格达修建了一座图书馆，并将其命名为"智慧之馆"。在那里，学者们将希腊语和波斯语的文献资料翻译成了阿拉伯语。

纸张的普及极大促进了这项研究的发展。在此之前的751年，阿巴斯王朝在塔拉斯（今吉尔吉斯斯坦）与中国唐朝争夺中亚霸权的战斗中获胜。据说战俘中有造纸的匠人，于是将他们的技术带到了伊斯兰国家。当时，欧洲的纸张是昂贵的羊皮纸，因而纸质文献相当稀少。然而在伊斯兰国家，因为低廉纸张的制造技术已较为普及，翻译工作得以顺利地向前推进。

由于文献的大量翻译，希腊的文明与智慧能够在整个伊斯兰国家得到继承和传播。以此次大规模的翻译活动为契机，阿拉伯语确立了作为学术界通用语言之一的地位。

十字军促成了希腊主义的回归

伊斯兰教的这些学术活动也因历史上的一个机缘，对欧洲社会产生了影响。

之前说过，倭马亚王朝时期，统治触角延伸到了伊比利亚半岛。然而，阿巴斯王国掌权后，该地区获得独立，成为"后倭马亚王朝"。基于先进的伊斯兰文明，倭马亚王朝承认宗教自由，因此穆斯林、基督徒和犹太人可以在社会上共存，一直到10世纪左右，经济和文化交流都取得了较大进展。然而，公元 1000 年之后，为了争夺王位的继承权，国家爆发了内乱，继而于 1031 年灭亡，之后被分割成了一个个小国。被赶到半岛一隅的基督教国家卡斯蒂利亚王国，也趁此机会收复了失地。

之后，1085 年，卡斯蒂利亚王国征服了马德里南部的托莱多古城。这里存有大量的希腊文献古籍，包括被翻译成阿拉伯语的柏拉图和亚里士多德等人的作品，以及伊斯兰教的哲学家和科学家的研究作品。例如，其中有古希腊希波克拉底的医学著作，古罗马欧几里得的几何学和托勒密的天文学著作。所有这些文献在当时的欧洲都被完全遗忘了。

在卡斯蒂利亚王国的主导下，这些资料全部被翻译成了拉丁文。穆斯林、犹太教徒和基督教徒共同参与了这个翻译项目，因此也被称为"托莱多翻译学派"。正因如此，自 529 年阿卡德米和吕克昂学院关闭以来，经过了近 500 年后，希腊文明才得以重返欧洲。

正是在这个时候，十字军东征开始了。11 世纪中叶，在伊斯兰世界获得霸权的塞尔柱人乘势进入拜占庭帝国（东罗马帝国）的领土，夺取叙利亚和巴勒斯坦的土地。为了应对战事，拜占庭帝国向罗马教皇寻求帮助，教皇则派出了十字军——一支由基督教世界的军队组成的联合军。直到 13 世纪末，在大约 200 年的时间里，总共进行了 8 次（也有说法称 7 次）远征。然而，这场盛大的东征最终没有取得任何军事或领土上的胜利，就告终了。

但另一方面，这次东征却促进了与伊斯兰教的交流和贸易往来，伊斯兰教的文化和技术也被引入了欧洲。随着交流的深入，人们逐渐意识到欧洲文明已经落后于伊斯兰教的文明，于是在欧洲社会形成了危机感。此外，当时的欧洲也有一段商业繁荣、物质丰富的时期，纵欲和堕落的生活作风在民众中盛行，对此，部分民众的反感情绪不断上升。因此，这也促成了人们对知识的渴望达到了前所未有的高度。

大学的诞生

最初，教堂和修道院同时开设有学校，被称为"schola"。这与西罗马帝国的灭亡有着密切的联系。意大利半岛和西欧被大量侵入的日耳曼民族毁坏，但教会得以幸存下来。为了生存，他们开始对日耳曼人进行基督教的思想教育，为此建立的学校称为"schola"。

宗教教育中需要用逻辑来说服人们相信上帝的存在。前面提到的奥古斯丁的《天国论》等著作在这方面颇有贡献。奥古斯丁基于柏拉图的思想提出的关于通过"信仰"拯救灵魂的学说足以令人信服。

然而，当古老而又崭新的知识从伊斯兰世界传来时，schola 的性质发生了变化。虽然让人们认识上帝的存在这一目的没有改变，但学生群体更加广泛，不再仅限于日耳曼民族，课程也不再是单向的讲授，而是相互之间进行讨论和问答。这种转变满足了社会对更广泛和更深入的知识的需求，这种类型的教学也被称为"学院派"。"schola"是今天"school"一词的起源。

最终，出现了独立于教堂和修道院的 schola。最主要的形式是，那些想学习的人聚集在一起，组成一种联盟，并共同雇用教师，用拉丁语来表示就是"universitas"，而大学就是在这一组织的发展中演变而来的。意大利的博洛尼亚大学、巴黎大学、牛津大学和剑桥大学，以及西班牙的萨拉曼卡大学都是在这一时期建立的。这些大学里设立了神学和哲学，以及医学、法学和自然科学等科目。如今的"university"一词正是由"universitas"演变而来。

图表 7-3　中世纪诞生的主要大学

大学名	起源	代表性人物
博洛尼亚大学	法学中心。成立于 11 世纪。从罗马法的专业学校发展而来	但丁
巴黎大学	神学中心。成立于 12 世纪。原本是附属于圣母院大教堂的神学院	托马斯·阿奎那
牛津大学	神学中心。成立于 12 世纪。由从巴黎移民过来的学生创立	罗杰·培根
剑桥大学	于 13 世纪从牛津大学分离出来	伊拉斯谟、牛顿
那不勒斯大学	13 世纪，由神圣罗马帝国皇帝弗里德里希二世创立	薄伽丘
布拉格大学	14 世纪，由神圣罗马帝国皇帝查理四世创立	胡斯

托马斯·阿奎那整理了科学与宗教之间的关系

随着大学的诞生，学术浪潮逐渐兴起，人们的知识得到增长，逻辑思维开始受到推崇，人们再次发问：什么是上帝？换言之，这是有关神学和哲学的探讨，也被称为"经院哲学"。

在过去，就如奥古斯丁所说的那样，根据新柏拉图主义思想来验证天国的存在是基督教教义的基础。然而，因为这并不科学，所以慢慢地失去了说服力。若接受新的知识和科学思想，可能会让人们放弃信仰；但若拒绝，就可能会导致与知识分子对立，进而拉大与伊斯兰世界的差距。

因此，13 世纪的意大利神学家、哲学家托马斯·阿奎那提出了一个新理论。在阅读大量由伊斯兰教带来的文献时，他发现了亚里士多德哲学的根本思想——"四因说"。简而言之，亚里士多德的观点就是，一切事物的存在和运作都有其原因。

托马斯·阿奎那受到启发，若万物都有原因，那么原因本身也会有原因，但原因不能永无止境地追溯下去。原因的出发点是上帝，而能证明这一点的就是宇宙，虽然人类没有亲自参与其中，但作为天体的太阳、月亮和星星都在运动（当时的理论是"地心说"）。这正是神的杰作。这被称为"上帝存在的宇宙论证明"。

之后，他把论点再向前推进了一步。他认为世界的真理是双重的，大多数事件的因果关系可以通过人类的理性来解释，而哲学就是为此产生的一门学问。然而，也有一些现象是人类无法理解的，如宇宙的运动、来世以及上帝的存在，神学的出现就是为了解释这些现象。

他在主要著作《神学大全》中，引用了经院哲学中的一句话："哲学是神学的婢女。""婢女"一词是指女仆。哲学作为人类智慧的结晶固然是不可缺少的，但人类智慧不能解释的部分，就要诉诸神学，因此神学要比哲学处于更加权威的地位。

这种解释给后世留下了两个主要的影响：第一，将神学的思想基础从柏拉图转移到了亚里士多德；第二，明确地区分了神学和哲学之间的关系。这使得知识和科学充分纳入了哲学范畴，另一方面，由于哲学只是担当协助神学的角色，因此其中心——教会的不可动摇的地位愈加稳固。

在今天的西方社会，乍一看科学和宗教似乎是相互矛盾的，却能和平地在社会共存，其根源就在于托马斯·阿奎那的思想，更具体地说，是亚里士多德的哲学。

不仅如此，大量的希腊文化从伊斯兰世界重新涌入欧洲社会，学问、科学和艺术遍地开花，重新焕发出生机，这被称为"12世纪的文艺复兴"，也为14世纪在意大利兴起的真正意义上的文艺复兴拉开了序幕。

第8章

西方统治时期的序幕
——从文艺复兴到近代社会

使希腊主义焕发生机的文艺复兴

法语"Renaissance"的意思是"重生"或"复兴"。从字面上看，它指的是早已在欧洲社会销声匿迹的希腊文化在欧洲的复兴。

真正意义上的文艺复兴开始于 14 世纪的意大利，主要有三个原因。

第一，如前一章所述，从伊斯兰世界逆向涌入了大量的希腊文化，这促进了人们在知识、科学和艺术方面的觉醒。

第二，被称为"黑死病"的鼠疫暴发。14 世纪中期在意大利暴发的这场传染病，据说在几年内就夺走了欧洲三分之一人口的生命，不仅对欧洲的社会和经济产生了影响，还促使人们的生死观和宗教信仰发生了重大改变。他们意识到，在即将到来的死亡面前，教皇和教会都起不了作用，因而他们希望摆脱宗教权威的束缚，自由地生活。

第三，商业的发展。特别是意大利北部的港口城市威尼斯和热那亚，成为伊斯兰世界的贸易中心，并发展繁荣起来。在这种物质富裕的背景下，市民的文化生活也得到了快速发展。这一时期在意大利产生的代表作品包括但丁的史诗《神曲》和薄伽丘的短篇小说集《十日谈》。

15 世纪，文艺复兴的中心转移到了意大利中北部的内陆城市佛罗伦萨，以金融业发迹的美第奇家族在这里发挥了主导作用。1453 年，拜占庭帝国灭亡。11 世纪的十字军东征时期以来，首都君士坦丁堡就受到了伊斯兰世界中势力不断扩张的奥斯曼帝国的入侵，最终灭亡，其历史持续了大约 1000 年。

这时，君士坦丁堡的许多希腊学者和艺术家都逃到了西方，美第奇家族收留了他们，并为他们提供了庇护所。因此，佛罗伦萨也是希腊文化的重要传承地。

今时今日作为意大利象征的圣母百花大教堂，就是在这个时期修建完成的。也是在 15 世纪末，出生在佛罗伦萨的桑德罗·波提切利创作了他的名画《维纳斯的诞生》，而维纳斯的原型是希腊神话中象征生殖和丰收的女神阿芙洛狄忒。

到了 16 世纪，文艺复兴的浪潮达到顶峰。正是在佛罗伦萨，列奥纳多·达·芬奇创作了《蒙娜丽莎》，拉斐尔创作了前面章节中提到的《雅典学园》，而思想家马基雅维利创作了《君主论》。后来，文艺复兴的中心从佛罗伦萨转移到罗马，罗马教皇成为文艺复兴的主要推动者，标志性事件是对天主教的总教堂圣彼得大教堂进行了大刀阔斧的修建，而拉斐尔、米开朗琪罗等人负责该教堂的设计和壁画创作。这也促成了马丁·路德宗教改革的萌芽。

地理大发现时代催生了"股份制公司"

文艺复兴浪潮的同期，欧洲也发生了两个重大变化。第一个是地理大发现。

摧毁了拜占庭帝国的奥斯曼帝国获得了在地中海的贸易权。此后，欧洲国家进一步寻求一条向西的新贸易路线，于是将目光投向了大西洋。

在这个过程中，葡萄牙和西班牙占领了先机。其中一个原因是他们的地理位置本身就朝向大西洋。另一个重要原因是，如前一章所述，伊比利亚半岛长期以来一直被伊斯兰势力统治，虽然当地的基督教从11世纪初开始兴起，但仍有一部分散落的伊斯兰小国存在。然而，到了15世纪末，这些小国几乎被完全消灭了。这一连串的事件被称为"复地运动"。

此后，葡萄牙和西班牙成了由国王掌权的天主教国家。为了获得利益，各国之间相互竞争，探索新的航海路线。文艺复兴带来的造船和航海技术使得探索行动成为可能。罗马教皇也为了开辟新的土地，进一步宣传教义，对航海活动给予了大力支持。

开拓的第一条路线是葡萄牙沿非洲西海岸一直南下。从那里，他们又开辟了一条越过好望角到达印度的路线。从印度进口的香料给葡萄牙带来了巨大的财富。

与此同时，哥伦布在西班牙的资助下跨越大西洋，成为第一个到达美洲的欧洲人。此外，麦哲伦领导的西班牙舰队成为第一个环绕地球一周的舰队。从这里开始，西班牙致力于在中南美洲开展殖民活动。当地出产的大量白银很快使西班牙积累了大量财富。

从17世纪开始，荷兰、英国和法国也紧跟这两个发达国家之后，尽管他们是后来者，但也保证了在海外的权益。这主要有两个原因：一是，他们早于葡萄牙和西班牙开拓了北美和澳大利亚大陆；二是他们建立了"股份制公司"制度。

不言而喻，航海活动有很多风险。如果航行成功，起航前花费的巨额资金可以得到几十倍的回报；但如果失败了，一切就都白费了。因此，在葡萄牙和西班牙主导的时期，航海模式是由国家以及少数富裕阶层作为主要资助者，并在每次航海结束后进行偿还。从某种意义上说，这就像一场一局定胜负的赌博。因此，出海航行的频率受到了限制。

然而，在 1602 年，荷兰人建立了东印度公司，向社会广泛筹集小额资金，同时建立了保险制度和其他风险分担机制。这种方式被认为是股份制公司的原型。在这之后，由于有了源源不断的巨额资金，高频的航海成为可能，对开拓地的殖民活动也变得顺畅起来。这种制度逐渐在英国普及，后来成了殖民地开拓活动和经济发展的基石。

图表 8-1　新航路发现之前和之后的贸易关系

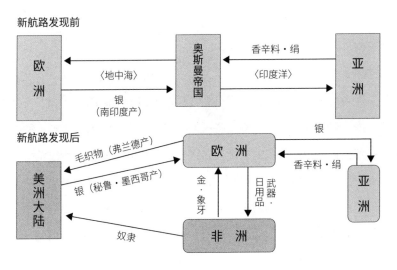

新教徒的登场

文艺复兴时期，欧洲发生的另一个重大变化是宗教改革运动的兴起。

1515 年，当时的教皇利奥十世发行了大量的赎罪券，为前文提到过的圣彼得大教堂的建设筹集资金。这些赎罪券在罗马帝国的后继者——德意志的销量特别大，当时德意志自称为"神圣罗马帝国"。但是，这件事受到了德国北部城市维滕贝格的大学神学教授马丁·路德的质疑。他认为，通常情况下，如果一个人有信仰，就应该能够获得上帝的宽恕，这个过程并不需要教会，而发生金钱交易的行为更是荒唐的。1517 年，路德在一份题为"九十五条论纲"的拉丁文文书中表达了他的主要观点，并将其贴在教堂的门上。

据说当时该文书的目的只是学术讨论。然而，有人把它翻译成了德文，大量印刷并四处传播，"论纲"的内容迅速传遍了德意志。这得益于德意志发明家古腾堡在 15 世纪开发的活字印刷技术。该技术与指南针和火药一起，被认为是"文艺复兴时期的三大发明"。

许多对神圣罗马帝国和罗马教会的腐败极度不满的人，为了支持这一论纲而集体发起了批判。帝国的根基原本是脆弱的，当时，德意志被划分为近 300 个小的封地，帝国只是在形式上对其进行统治。

因此，在德意志各地兴起的批判浪潮势不可当。路德被当时的帝国皇帝查理五世作为异端逐出教会，并被剥夺了市民权，但得到了与帝国敌对的强大封地的庇护。同时，他还将主要用拉丁语写成的《新约》翻译成了德语。

由于当时印刷技术的普及，翻译后的书籍得以大量印刷，众多德国人第一次了解了《圣经》的内容。自然，里面并没有说到教会的无上权威或"赎罪券"的问题，这引起了民众对教会越来越多的批评和不满。重要的是，对《圣经》的虔诚不需要教会和神职人员的权威。

持这样观点的学派被称为"路德派"。随着路德派的日益强大，天主教会试图压制这股势力。为了应对打压，路德派向查理五世提交了一份抗议书（protest）。从此，他们被称为"新教徒"（protestant），以示反对旧天主教。

另一个受到路德论纲启发的人是法国思想家约翰·加尔文。他主张回归《圣经》的教义，反对教会和神职人员的权威，并获得了大量支持，这一学派被称为"加尔文派"。

加尔文思想的代表是"先定论"。罗马帝国时期的神学家奥古斯丁曾经认为，人的命运是由上帝预先决定的。如前所述，这一学说也许起源于柏拉图的《理想国》中"厄洛斯的故事"一节。

加尔文进一步发展了这一点。他认为，如果一个人的命运是由上帝决定的，那么实现它是得到上帝祝福的唯一途径。对应到世俗世界，这就意味着努力工作与信仰之间直接结合。如果因此获得了很多财富，那也是上帝的旨意。所以，这种学说被广大劳动市民阶层所接受。这种思想传到了加尔文的流亡地瑞士等诸多国家，形成了法国的"胡格诺派"、英国的"清教徒"和荷兰的"乞丐派"。

走向"三十年战争"

整个欧洲的天主教徒和新教徒之间的矛盾进一步激化。虽然双方也达成过和解，但冲突一直都未停息。为了开展传教活动，各国还竞相开辟海外航路。最终，从 16 世纪中叶到 17 世纪约一个世纪的时间里，爆发了许多场大大小小的战争。

图表 8-2　宗教改革后的宗教分布

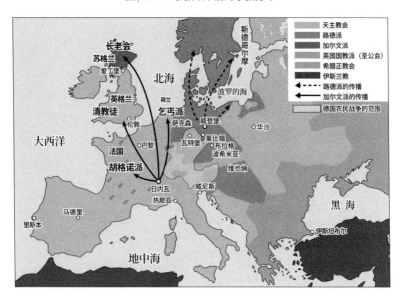

其中，尤为重要的一场战事是从 1618 年到 1648 年，在德意志爆发的"三十年战争"。这场战争在天主教和新教两派之间展开，后来欧洲各国参与进来，最终演变成了一场国际战争。

一开始是宗教冲突，但其中还有其他暗流在涌动。天主教的神圣罗马帝国想趁机打击新教的各领地势力，以扩大自己在德意志的权威和权力范围。西班牙支持神圣罗马帝国，荷兰支持新教势力，但因为荷兰当时是西班牙的属地，正处于独立战争（八十年战争）的漩涡中，于是在德意志境内打响了一场代理战争。

另外，在英国、荷兰和法国的支持下，丹麦也加入了战争。法国是一个天主教国家，但它没有站在帝国一边，而是站在领地的新教势力一边。帝国的皇帝和西班牙国王都出身于著名的哈布斯堡贵族家庭。相比之下，法国国王出身于波旁王朝，目的是抑制哈布斯堡王朝的发展，因而在政治上与哈布斯堡王朝具有敌对关系。

瑞典也在法国的支持下向德意志进军，丹麦和瑞典意图通过削弱帝国势力来保护他们在北欧的利益。

不久，法国和西班牙军队也入侵了德意志，直接参与了战争。与此同时，两支军队在法国北部发生了冲突。随着战况的发展，这场战争逐渐变得不再是一场宗教战争，而更像是一场主权国家之间争取国家利益的战争。

《威斯特伐利亚和约》标志着从中世纪进入近代

最后，战争陷入了宗教矛盾和国家矛盾交织的泥潭。1644 年，在战争胜负未定的情况下召开了和平会议，该会议以召开地德意志西部的地区命名，被称为"威斯特伐利亚会议"。

会议参与者包括神圣罗马帝国、数十个德意志属地，以及大部分欧洲国家派来的特使，不管该国是不是参与了战争。这是世界上第一次关于解决多国冲突的国际会议。

会议讨论花了 4 年时间，于 1648 年缔结了《威斯特伐利亚和约》。和约的内容涉及范围较广，但有两个要点。第一个要点关于宗教。新教信仰得到了认可，并与天主教共存。第二个要点涉及政治制度。承认了德意志各个属地的主权，荷兰从西班牙正式独立，瑞士也正式从统治该国的神圣罗马帝国获得了独立。此外，德意志还将部分领土割让给了法国和瑞典。

这两点都体现了神圣罗马帝国的衰落。皇帝的宗教和政治利益都受到了极大的限制，帝国几乎完全瓦解了。因此，《威斯特伐利亚和约》也被称为"帝国的死亡证书"。

这不仅意味着一个国家制度的崩溃，还意味着长期统治欧洲的世家大族——哈布斯堡家族的垮台，同时也标志着封建社会的落幕。取而代之登上历史舞台的是作为统治机关的主权国家。国王拥有征税权，拥有军队，拥有国界，领民成为国民，国王在各方面都有完全的权利。这就是现代国家的前身。

对外来看，《威斯特伐利亚和约》建立了一个相互尊重和互不侵犯的体系，以国际规则作为解决争端的手段，并建立联盟以确保各个国家之间保持势力均衡。这被称为"威斯特伐利亚体系"，是现代国际法的起点，并一直延续到了今天。

到目前为止，我们回顾了14世纪至17世纪欧洲发生的主要变化，包括文艺复兴、地理大发现和宗教改革。这三个事件在同一时间发生并非偶然，而是具有很强的关联性。这些事件的发端，都源于文艺复兴时期的思想和技术发展，从中我们可以看到希腊主义文明对后世产生的源远流长的影响。

期望没落的意大利能再次复兴而写成的《君主论》

尽管兴起了文艺复兴浪潮，但本应成为欧洲主导力量的意大利，在随后的地理大发现时代、宗教改革和宗教战争中几乎都不见其身影。

这是因为此时的意大利处于内战状态，分裂成了众多小国，并相继遭到了法国、西班牙和神圣罗马帝国的肆意践踏。

这种状态从 1494 年到 1559 年，持续了 60 多年时间，即"意大利战争"。在这场战争中，攻击的目标是由美第奇家族主导的佛罗伦萨和在地中海贸易中繁荣起来的威尼斯城市的财富。1527 年，神圣罗马帝国的军队入侵罗马，进行了一场彻底的破坏、杀戮和掠夺运动。这场掠夺运动标志着意大利文艺复兴的落幕。

在这场动荡中，有一位思想家在寻求振兴国家的方法。他就是尼科洛·马基雅维利。他是佛罗伦萨人，原本是该国的一名官员。前文讲过，佛罗伦萨是由美第奇家族统治并发展繁荣起来的，名义上是一个共和国，但实际上是僭主政治。

然而，1494 年，在意大利战争初期，美第奇家族屈服于法国，招致市民的愤怒并被驱逐。从此，佛罗伦萨在名义上和实际上都转为了共和国体制。正是在这个时候，马基雅维利开始活跃于官场（主要作为外交官）。

然而，1512 年，在哈布斯堡家族及其治下西班牙军队的支持下，美第奇家族卷土重来，一跃成为佛罗伦萨的僭主。当时美第奇家族的领袖是乔瓦尼·德·美第奇，他在第二年被选为教皇，即利奥十世。如前所述，他发行了大量的"赎罪券"，成为引发宗教改革的导火索。

与此同时，随着美第奇家族的复辟，马基雅维利被撤职。他曾身陷囹圄，但在教皇利奥十世登基后被赦免释放。后来他搬到一个山村，开始了写作活动，著名的《君主论》就是在这个时期创作出来的。

马基雅维利一以贯之地强调，为了建立一个强大的国家，君主应该是什么样子的。这是为了向统治佛罗伦萨的美第奇家族献策。马基雅维利原本是共和制的忠实拥护者，所以有人批评他这种改变信仰的行为。然而，在目睹了意大利四分五裂，国力逐渐衰微，以及被其他国家肆意践踏的情况下，他只能依靠献策来表达自身的爱国情绪。但也有人说，他这样做只是想推销自己，从而获得官位。

事实上，这本书的内容非常现实且具体。就像在模仿亚里士多德的《政治学》一样，马基雅维利首先将国家制度分为两大类：君主制和共和制。他以君主制为重点，以古希腊和罗马的史实为例，讨论了如何治理被征服的领土、赢得人心的技巧，以及铁面无情和宽容饶恕在实际情况下的使用分寸。

例如，书中提到"一个国家的重要根基是公正的法律和强大的武装力量"。他尤其主张国家军队不应由金钱雇来的雇佣兵组成，而应由本国国民组成。他还声称，如果国民对一国之君的惧怕胜于爱戴，那么君主更容易实施统治；君主应该像狮子一样凶猛或者像狐狸一样狡猾；阴谋有时比信义更强大；等等。

乍一看，这与基督教的教义，甚至与强调美德和正义的柏拉图和亚里士多德的思想相去甚远。"马基雅维利主义"（Machiavellism）一词也被创造出来，用来描述不惜一切手段达到目的。

然而，他的最终目标是国家稳定与和平，并且只在经验的基础上为此提供现实的解决方法。在这个意义上，这是一本合理而科学的书，是文艺复兴的缩影。

该书在马基雅维利去世后，于1532年出版，但长期以来被天主教会视为禁书。到了16世纪，法国思想家卢梭在《社会契约论》中将其称为"共和主义者的教科书"，这本书的声誉才得以扭转。从此，《君主论》就被视为现代政治学的先驱。

历史著作中共通的"观照"态度

此后，欧洲历史从中世纪过渡到近代社会。本书按照人文科学类课程的设置，在讲述这段经过时列举该时期最具代表性的一些作品。

作为前提条件，所有这些作品都有一个共同的关键词——观照。从字面上看，这个词指的是以一种静观的方式看待事物，也可以认为是指摒弃主观意识，冷静地观察事物，以揭示事物本质。

在这里，我们再次回到柏拉图。他的作品《盛宴》描述的是苏格拉底及其同伴们在宴会上喝酒辩论的故事，主题是"Eros"（爱）。苏格拉底在最后的发言中，提出了以下主张：

人类都有欲望。当欲望得到满足时，就会感到幸福。Eros 的作用是发挥中介作用，寻求自己所缺乏的东西。那么，人身上最缺乏的就是永恒性。神可以永生，但人总是会死去。这就是为什么我们想长生不老，或至少在世间留下一些印迹。

因此，Eros 主要分为两方面内容：第一是满足生理需要，即生殖行为，通过受孕和分娩创造出另一个自我，达到永生。

第二是满足灵魂的需要。世界上有许多种美，这不是指表面上的美，而是指事物的真理，即理念。但我们不易发现它们，这时候正是通过观照的方式使之成为可能。

我们用光照射对象，安静地观察，并揭示出它的真实形态。如果通过这个过程将我们发现的美传递给人们，或者将其记录留存下来，那么我们的名字将因我们发现的美而永远存在。由此产生的人际关系是终极的 Eros，在满足了欲望这一意义上，得到了终极的幸福。

书的第五章介绍了亚里士多德在《尼各马可伦理学》最后一章的观点："观照的生活才是终极的幸福。"马基雅维利是一个彻底的现实主义者，常常与提倡理念论的柏拉图意见相左，但他们在幸福的终极理论上却达到了完美的一致。

从中我们可以知道两件事：第一，知识的习得，或者说学习的重要性。想要沉浸在"观照的生活"中可能很困难，但正如亚里士多德所指出的，观照的背后有五个基础：知识、技术、真知、实践的智慧和智慧，这些都无关环境或年龄，是可能实现的。

第二，就是科学的诞生。以上主张得到进一步发展之后，形成了科学。自近代以来，正是科学的萌芽使欧洲发展成了主权国家，并推动了时代的发展。以下是几部代表性作品，它们都是观照的结果，因此对当时的社会也都产生了重大影响。这些作品的作者也许人生经历各不相同，但这些作品至今仍广为流传，并在此基础上产生了进一步的研究，因此也可以说，这些作品也获得了永恒的生命。

换言之，希腊主义是近代以后国家和社会的发展根基，我认为这并非夸张的说法。

《谈谈方法》："我思故我在"的真正含义

17 世纪上半叶，欧洲社会就如三十年战争时期一样，新科学和旧宗教相互交织。在文学界，英国出现了莎士比亚，西班牙出现了塞万提斯，但是，很多科学家、哲学家却受到宗教界的迫害或者遭受处决。

图表 8-3　笛卡尔之后的社会科学发展

（列举与本书所涉及的主题有关的书目）
勒内·笛卡尔《谈谈方法》
约翰·洛克《政府论两篇》
托马斯·霍布斯《利维坦》
让－雅克·卢梭的《社会契约论》
亚当·斯密《国富论》
约翰·斯图亚特·密尔《论自由》
马克思/恩格斯《共产党宣言》
查尔斯·达尔文《物种起源》

例如，1633 年，意大利物理学家伽利略·伽利莱在一场宗教审判中被判处监禁(不久减刑为软禁)。伽利略通过天文观测证明了哥白尼的地心运动理论，但教廷却指责其为"异端"。最后，他的《关于托勒密和哥白尼两大世界体系的对话》一书在意大利和其他宗教势力强大的天主教国家被列为禁书，这个禁令直至 19 世纪初才得以解除。

与伽利略同时代的还有法国哲学家勒内·笛卡尔，他的开创性著作《谈谈方法》于 1637 年出版，笛卡尔在书中指出，他在伽利略受审后，对书中内容进行了挑选和摘录。

该书的正式名称是《谈谈正确引导理性在各门科学上寻找真理的方法》，通常被称为《谈谈方法》。这本书是先于之后写成的长篇论文《屈光学》《气象学》和《几何学》提出的思想方法，因此也被称为《谈谈方法》。

他广为人知的一句名言是"我思故我在"。这并不仅仅意味着思考是重要的。哲学中本来就有"怀疑论"的思考方法，其目的是从客观和理性的角度对普遍的看法和价值观提出怀疑，从而究明真相。在科学对宗教的神秘性提出质疑的时候，怀疑论发挥了强大的作用，甚至当时，在基督教内部也围绕教义发展出了宗教斗争。

另一方面，笛卡尔提出了要对一切事物从零开始审视，要质疑世界上一切所谓的真理或常识。经过怀疑而留下来的清楚分明、毋庸置疑的东西，就是真理。这是得出真相的一种方式，即笛卡尔的"普遍怀疑论"。

最终，世人开始意识到，世界上的一切其实都值得怀疑，唯一毋庸置疑的是处于不断怀疑状态中的自己。换言之，思考中的自我就是真理。这就是"我思故我在"的含义。

这种态度与前面提到的"观照"有共同之处。在那之前，真理是由上帝和教会定义的。而笛卡尔却教导人们应该把自己作为寻求真理的出发点。这是一个重大的突破，因为他将人类的思想从上帝手中解放出来，这就是为什么笛卡尔被称为"近代哲学之父"。

在此基础上，笛卡尔继续证明了上帝的存在。上一章提到，13世纪的托马斯·阿奎那从天体运动和人的来世证明了上帝的存在，同时肯定了基于人类理性的知识和研究。

而笛卡尔一开始就认识到，自己是一个只会怀疑的"不完美的存在"。相反，这也意味着，他在心中预设了一个完美的形象。那么，怎么做才能拥有这种形象呢？既然无法创造出一个完美的人，那么一定会为世人提供一个完美的存在。这就是上帝。

这部分内容读起来是一种比托马斯·阿奎那更远离宗教的理性阐释，但也有点诡辩的味道。因此，后世学者对该书的这一部分评价不高。

《利维坦》《政府论两篇》：重新定义国家和国民之间的关系

笛卡尔时代之后，大洋彼岸的英国就陷入了动荡。

1648 年，以《威斯特伐利亚和约》结束三十年战争后，每个欧洲国家都在巩固自己的主权国家体系。然而，英国既没有参与会议也没有参与和约的制订，因为自 1642 年以来国家内战不断。

当时的国王查尔斯一世实行专制统治，解散了议会。虽然英格兰国教更接近新教，但国家保留了与国王密切相关的天主教仪式。

议会对此进行了反抗，引发了武装冲突。内战持续了 7 年，1649 年查理一世被处决，内战告终。从此，国家转向共和政体。因为众多议员是加尔文主义新教徒，被称为"清教徒"，所以英国内战也称"清教徒革命"。

然而，由于领导人克伦威尔的专制统治，局势并不稳定。1660 年，英国恢复了君主制。当时的议会成员大多是新教徒，但登上王位的詹姆斯二世是一名天主教徒，所以国王和议会之间的冲突再次爆发。

议会联合了詹姆斯二世的女儿，同时也是新教徒的玛丽及其丈夫荷兰总督威廉，决心推翻国王。同时，英国国内也兴起了反对国王的运动。1688 年，詹姆斯二世在没有抵抗的情况下逃到了法国。这是一场不流血的革命，因此被称为"光荣革命"。

第二年，即 1689 年，威廉和玛丽以威廉三世和玛丽二世的身份登上了王位。这时，议会向两位国王提交了一份《权利宣言》，请国王批准通过，这就是之后颁布并实施的《权利法案》。法案中没有要求国民宣誓效忠国王，而是规定了代表国民的议会的权利，包括禁止未经议会同意的立法或征税，还规定了议会选举和议会内的言论自由等政策，同时废除了天主教徒对王位的继承制。

这标志着英国开始向君主立宪制过渡，国王的权力受到限制。从此之后，英国朝着世界帝国的方向前进。

在这一时期，英国问世了两本对后来的政治思想产生重大影响的著作。第一本是政治思想家托马斯·霍布斯的《利维坦》，发表于清教徒革命之后的 1651 年。

利维坦是《旧约》中出现的一个水下怪物，被认为是地球上最强大的生物。霍布斯把它比喻为一个拥有绝对权力的国家。然而，这并不是一个控制和压迫国民的形象，在这个国家里，每个人都有保护自己生命的自然权利。然而，如果人们一味地主张自己的这些权利，反而可能会导致相互杀戮。因此，霍布斯主张，每个人的权利都应该委托给国家的绝对权力，并且应该制订法律以确保每个社会成员的安全。

其开创性的主张是，将个人信仰与政治分开，并创造了"社会契约"这一划时代的概念，即国家是在国民的同意下成立的。然而，在结构上，个人无法抵抗国家。在这个意义上，这种主张也是一种支持英国和法国绝对君主制的思想。

第二本书是《政府论两篇》，由政治学家约翰·洛克在光荣革命后的 1690 年写成，距离《利维坦》问世过去了约 40 年。这本书由两篇论文组成，第一篇否定了"君权神授"思想（君权是由上帝授予的，神圣不可侵犯），第二篇否定了霍布斯的绝对君主制思想。

洛克和霍布斯一样，都主张人的自然权利，此外，洛克进一步认为，每个人都有自由权和财产所有权。国民与国家缔结了保护这些权利的契约，在这一点上两人的主张也是相同的。然而，洛克认为国家不是绝对的，主权属于国民，如果国家违背了国民的意愿，国民就可以反抗并推翻国家。

很显然，这种主张是在支持两年前的光荣革命，换言之，这也是在主张议会的权利。洛克这种"反抗"的概念，后来也为美国独立宣言和法国大革命提供了理论力量。

《社会契约论》：法国大革命的理论支柱

18 世纪的欧洲和以往一样，各国之间为了争权夺利而战乱不断。主要的大规模战役包括西班牙王位继承战争（1701 年—1714 年）、奥地利王位继承战争（1740 年—1748 年）和七年战争（1756 年—1763 年）。这些战争的主要参与者是英国和法国，两国之间的战火冲突甚至蔓延到了北美大陆和印度殖民地。

最终，英国获得了全球霸权，得以大规模地开展三角贸易。典型的贸易模式是将武器从本国出口到非洲西海岸，再从非洲西海岸出口到有大量奴隶的西印度群岛和北美大陆的殖民地，并换来大量的砂糖和棉花。在三角贸易中获得的巨额财富为 18 世纪中期开始的工业革命提供了原始积累。

与此同时，法国接连被英国夺取了殖民地，财政也因巨额的战争支出而濒临破产。国民生活贫困，于是批判的矛头指向了当时的波旁王朝。

大约在同一时间,欧洲的各个城市开始流通从殖民地带来的茶叶、咖啡和巧克力等奢侈品,催生了咖啡文化。巴黎也不例外,来自不同领域的知识分子、艺术家和思想家聚集在咖啡馆里进行自由辩论。这可能接近柏拉图和亚里士多德描述的"观照的生活"。

所谓的启蒙运动就是在那里开始萌芽。前面已经提到,文艺复兴极大动摇了被认为具有绝对价值的基督教世界观。从希腊文明中获得的知识和科学思想,催生了许多新的思想家和拥有技艺的人。

特别是霍布斯和洛克的"自然权利说"唤醒了人们的自我意识。"启蒙"的含义就是让公众广泛了解这些知识,并促使人们对社会和自然做出理性的判断。

启蒙运动中出现了一批新的思想家,他们在历史上留下了浓墨重彩的一页。其中之一是让 – 雅克·卢梭。

他在 1762 年出版的代表性著作《社会契约论》,同样是以"自然权利"为出发点,强调社会契约的重要性。但他的主张既不同于霍布斯"如果不加控制,人们会互相残杀"的观点,也不同于洛克"人们为财富而竞争"的观点,他认为人类虽生性是爱自己的,但也具有利他性的一面,如果身处原始社会的自然环境中,是可以共存和共同繁荣发展的。

然而,随着社会的发展,物质财富和经济活动日益丰富,贫富差距出现了,人们开始相互竞争,相互夺取。换言之,应该责备的是社会,而不是人。

具体来说,卢梭认为个人的私欲和私利是一种"特殊意志",与此对应,卢梭还提出了"普遍意志"的概念,可以认为是人类固有的利他的理性和公共精神的一种共识。而国家的作用就是实现这一点,因此，全民参与的直接民主是最理想的。

卢梭认为，为了实现这一目标，每个人都有必要将自己的身体和财产委托给国家。乍一看，这似乎将自己变成了国家的奴隶，但由于每个人都参与了国家事务，最后就好像是把自己的东西交给了自己一样。通过以上手段，可以创造出一个自由平等的社会，这就是卢梭对理想国家的描绘。

然而，在实行绝对君主制的法国，这本书的主张对统治阶级而言是危险的，因此成了当时的禁书。卢梭本人也过着流亡的生活，于1778年逝世。

法国大革命发生在1789年。波旁王朝的路易十六被处决，法国首次确立了共和制。同年颁布的《人权宣言》也受到了卢梭的《社会契约论》的影响，体现了自由和平等的精神。

《国富论》：“看不见的手”的实质是“利己心”和“同感”

随着三角贸易和工业革命的进行，英国经济发展突飞猛进，他们走的是一条“重商主义”的道路。黄金和白银被视为最有价值的商品，而囤积量的多少也是国家财富的象征。

实现这一目标的最佳途径是尽可能多地出口以赚取外汇，同时尽可能减少进口以限制金银的外流。在这一方针下，英国将贸易保护主义作为其政策的支柱。例如，设立东印度公司作为特许公司，垄断与亚洲地区的贸易。

苏格兰经济学家亚当·斯密在其著作《国富论》（1776年）中反

对这一政策。他认为，一个国家是否富有，并不是根据金银量的多少来衡量，而是以国民的财富为基础，也就是说，富裕的国家意味着国民可以自由购买消费品。

亚当·斯密认为，为了实现这一目标，国家应该积极推进进口和出口贸易，而且贸易不应该被少数公司所垄断，应该取消对进口的限制，允许自由竞争。然而，若急剧地加大进口力度会损害国内产业，他表示，这项手段应该需要时间缓慢推进。

推而广之，亚当·斯密还提到了殖民政策。北美和印度都是英国的财富来源，但同时在殖民地的维持方面也需要大量的支出，特别是在防卫费用方面。因此，他建议北美大陆应该成为一个独立的国家，并与之结成同盟。

此外，《国富论》因"看不见的手"这一表述而闻名，但这并不是自由放任或市场万能主义的论据。亚当·斯密着眼于劳动分工，人们从事不同的职业，在社会和公司中履行不同的角色，发挥不同的作用，这就是劳动分工。

那时，人们不一定是为整个社会或整个公司工作，相反，他们更多地认为，要赚取与劳动对等的报酬，为自己和家人谋生。换言之，许多劳动者在某种意义上都是利己的。

然而，如果他们想实现利益最大化，就必须获得他人的"同感"，并满足他人的需求。如果每个人为了自己的利益，都做出这样的努力，就会在市场上形成一个竞争环境，其结果是整个社会生产力的提高，生活更加富裕。这就是"看不见的手"。

为了实现这一点，国家的作用应集中在三个主要角色上，即国防、司法和公共事业。这与不久之前实行的绝对君主制有天壤之别，但它也不是为了自由放任。相反，其重点是避免一部分与国家有关的公司对市场的垄断。

无论如何，《国富论》是第一本系统地讨论经济学的著作。亚当·斯密对自由主义经济和现代国家性质进行了全面阐述，被称为"现代经济学之父"或"古典经济学之父"。

自 1775 年以来，美国一直与英国抗争，进行独立战争，在该书出版约 4 个月后通过了《独立宣言》。然而，两国之间的战斗仍在继续并不断升级，最终法国、西班牙和荷兰也卷入了这场冲突。直到 1783 年，英国才正式承认美国独立。

《论自由》："表达异议的自由"和"个性"是社会进步的条件

19 世纪也被称为"不列颠治世"（Pax Britannica）。英国人率先实现了工业革命，极大地提高了生产力，其工业和海军力量在欧洲国家中具有压倒性的优势，使世界格局保持了一种平衡，从而带来了和平。

工业化的发展也促使人们从贸易保护主义转向自由贸易。英国人通过从世界各地购买大量的原材料，然后将其加工成出口产品，从而获得财富。来自世界各地的货物和财富在英国聚集，然后又传播到世界各地。英国在当时也被称为"世界工厂"。

这种环境也给英国社会带来了翻天覆地的变化。除了富人数量的增加，中产阶级的数量也出现了爆发性增长。这也意味着国民在国家中的话语权增加，个人权利和自由的概念也在深入人心。

1859 年，英国哲学家约翰·斯图亚特·密尔《论自由》一书的出版，具有时代的象征意义。密尔是功利主义的信奉者，这不是简单地"只追求自己的利益"的问题。相反，他认为社会的规范和道德应该以"最大多数人的最大幸福"为基础，而不是由国家把这些强加给市民。

　　这里也有一些前提条件。首先，每个人都必须有追求自己幸福的自由；其次，不能阻碍别人对幸福的追求；再次，所有人都必须得到公平和平等的对待；等等。为了实现这样的社会，国家和国民应该是什么样的？密尔在《论自由》中进行了解释。

　　首先，国家的作用是支持对个人幸福的追求。具体来说，就是保障国民言论和行为自由。当然，如果言论和行为对他人有害，则要取缔这种自由。密尔认为，只要能做到这一点就足够了。

　　密尔这一想法的基础是人类的良知和对他人的同感。在寻求更高层次的幸福时，人自然会对他人的幸福做出贡献，这将最终实现"最大多数人的最大幸福"。这个想法与前述的《国富论》非常相似。

　　然而，密尔并没有完全相信人类的良知。他指出，我们应该警惕国家权力的滥用和"多数人的专制"。这是一种多数人以所谓的数字逻辑压迫少数人的态度，会演变为对他人的危害。"众愚政治"就是一个典型的例子。亚里士多德曾经在《政治学》中阐述过民主制危险性的一面，与之是一样的道理。

　　密尔还在书中强调了"表达异议的自由"和保护"个性"的必要性。多数人的意见并不总是正确的。事实上，正因为是多数人的意见，有时才不会仔细审查内容，或者说可能会有出格的行为。所以，要发出不同的声音，反复讨论问题，这样就有可能出现结论的逆转或进一步完善，从而更加接近"最大多数人的最大幸福"。

密尔认为，从这个意义上讲，每个人都应该尽可能地保持自身的独特性。低薪工人和妇女的地位也必须得到尊重。社会上持有这种观点的人越多，社会就越发达。这就是为什么无论是从个人角度还是从社会角度来看，自由都非常重要。

顺便说一句，在19世纪下半叶，美国和德国通过工业化崛起，而英国则从世界工厂的地位上跌落。但是，英国以其金融资本为武器，巩固了其"世界金融中心"的地位。

《共产党宣言》：审视资本主义的局限性

19世纪上半叶，欧洲掀起了一股推翻18世纪政治制度的浪潮。代表性事件是1814年到1815年举行的维也纳会议。

法国大革命后，由于拿破仑的入侵，欧洲国家的封建主义和绝对君主制岌岌可危。然而，1813年拿破仑下台后，第二年各国在维也纳集会并结成联盟，希望恢复旧制度。这次商定的制度被称为"维也纳体系"。

1848年，在巴黎市民领导的法国"二月革命"之后，德国、奥地利、意大利等国家都爆发了反封建体制运动，在这一运动的推动下，旧政权被推翻，"维也纳体系"土崩瓦解。

此时，国民的不满不仅针对政治制度。当时的社会工业化和资本主义不断发展，随着资本家的崛起，大部分劳动人口从农业转移到采矿业，人口集中在城市地区，但工人们在恶劣的条件下长时间地从事低工资劳动，这意味着资本家（资产阶级）和工人阶级（无产阶级）

之间存在着巨大的贫富差距。工人们对此滋生了不满情绪。

那么，如何才能缩小这一差距呢？答案之一就是共产主义的理念。从本质上讲，如果社会上的每个人都能共享和分配被资产阶级垄断的资本，就能实现一个公平的社会。这种社会原型在柏拉图的《理想国》中也有所记述。

德国思想家卡尔·马克思和弗里德里希·恩格斯从理论上将其总结为一种体系化的思想。1847年，一个名为"共产主义联盟"的秘密组织在伦敦成立，该组织委任他们两人起草章程。1848年2月，正好与法国的"二月革命"同时期，发表了《共产党宣言》（最初没有名字）。

宣言由四章组成，其中第一章的第一句话非常有名："一切社会的历史都是阶级斗争的历史。"事实上确实如此，在古希腊和古罗马时期，自由人和奴隶之间有阶级差异，后来在封建时代，领主和农奴之间也有阶级差异。而在工业革命后的欧洲，拥有资本和工业设备的资产阶级和没有这些资本的工人阶级之间也存在着阶级差异。

资产阶级自然以利润最大化为目标。为了做到这一点，他们以尽可能低的成本雇用尽可能多的工人，并提高产量。由此获得的利润将被用来雇用更多的工人，这种循环会滚雪球般地产生越来越大的利润。另一方面，工人别无选择，只能出卖自己的劳动力，所以差距不断扩大。

要想打破这个循环，就应该摧毁资本主义体制。当时的现状是，工人的工资虽未增加，但他们的人数却在不断增长。因此，工人如果团结起来进行革命，就能推翻资本家，并将资本变为所有人的共同财产，换言之，可以为阶级斗争本身画上句号。因此，该书在结尾处写道:"全世界的工人阶级,团结起来!"

这本书无疑给当时在欧洲国家发生的反封建体制运动带来了鼓舞。后来,这些运动都因军队的镇压而终止。然而,共产主义思想仍然存在,并随着1917年的俄国"十月革命"和随后苏联的成立而成为现实。

《物种起源》:为何是最后学习的通识课程

哥伦比亚大学通识课程上的最后一本读物是《物种起源》,该书由英国地质学家查尔斯·达尔文于1859年撰写,其中最著名的是关于进化论的论述。

到目前为止,主要以政治、经济、哲学、宗教等社会人文主题的书籍为中心,因此,作为一门自然科学,生物学的突然出现似乎有些格格不入,但这是有原因的。正如《共产党宣言》所述,人类历史一直是一部阶级斗争的历史。从生物学的角度来看,这是一场生存竞争,是自然淘汰,是物种必要的反复的变异。事实上,既然人类也是生物物种之一,可以说这些是我们人类的宿命。

那么,当我们从进化论的角度来看待人类社会时,我们应该如何解释迄今为止所研究的人文科学?这是我们提出的最后一个课题。

通识教育的基础是起源于古希腊的希腊主义文明。通过自古以来持续不断的大大小小的"冲突",人类领会到了柏拉图的理念论和亚里士多德的"习惯"理论,并相继发明了哲学、宗教、艺术和科学。这些知识提升了人类的精神境界,促进了社会的发展。

于是出现了一个问题：无论是理念、习惯，还是后来的哲学等，人类是如何获得这些能力的？是不是因为我们人类是上帝选中的"优等物种"？达尔文直截了当地否认了这一点。

根据《旧约》中的《创世记》，上帝用七天时间创造了世界：第一天创造了光，分出昼和夜；第二天创造了空气和苍穹；第三天创造大地、海洋和植物；第四天创造太阳、月亮和星星；第五天创造鱼和鸟，第六天创造野兽和牲畜，并按照上帝的形象创造人；第七天休息。

达尔文将此解释为对生存竞争和自然选择的描述，而这个过程不是在七天内发生的，而是在无限长的时间里进行的。即使是同一物种，生物体也会因变异而产生具有差异的无数个体。变异的某些部分由父母遗传给孩子，但这些变异可能适应也可能不适应生存的环境。最终，只有适者生存和繁殖，而不适者则被淘汰。地球上的生物体一直在重复这个过程，直到今天。

例如，该书指出：

"在我看来，布谷鸟的雏鸟把它们的表亲推出了巢，或者蚂蚁社会的奴隶制，或者胡蜂科的幼虫以活体毛虫的身体为食，这些都不是个体的禀赋或本能，而是繁殖、变异、强者生存而弱者死亡这种普遍的进化法则下的一种结果。这种看法会更能让人接受。"（《物种起源》，岩波文库）

如果是这样，那么人类是经过无数次的生存竞争和自然选择才走到今天的。关键不是"我们做出了正确的选择"，而是"在做出各种选择的物种中，刚好适合当时环境的物种生存了下来，并进化成了人类"。

如果我们把这一理论与人类有史以来的历史相比较，就能发现在人类历史中，的确一直重复着战争和阶级斗争形式的生存竞争。无数人从中吸取了教训，寻求适应的道路，并将人类如何更好生存的智慧记录了下来，这就是哲学、宗教、艺术、科学等。

其中许多记录被淘汰了，但有些被保留下来供后人参考，保留下来的是适合当时社会的，并且直击真理，给人类以启发。这就是本书到目前为止所介绍的人文科学。这也是为什么这些人文科学会被称为"人类智慧的结晶"。

毫无疑问，柏拉图、亚里士多德以及其他作家都是伟大的贤人。但在他们背后，一定有无数的作家被淘汰。正是因为流传百世的先哲贤人是从这种多样性中被选择出来的，所以人文科学才有价值。对于未来的人文科学来说，确保社会的多样性也是至关重要的，这也是《物种起源》给予我们的启发。

终章

在"超级大国"美国
完善的通识教育

跃升到世界中心的通识教育

1914 年爆发了第一次世界大战，战争中形成了两大对峙阵营，分别是神圣罗马帝国灭亡后的德意志、奥匈帝国、奥斯曼帝国和保加利亚等旧秩序国家与以英国和法国为首的在地理大发现时代崛起的西欧各国。

1917 年，战况发生了急剧的变化。随着美国的参战，西欧国家最终在战争中获胜。这也诱使世界秩序从以西欧为主导，转向以美国为主导。地中海长期以来的世界中心地位，被位于美国两侧的太平洋和大西洋所取代。

同一年，美国国内也发生了一个虽不引人注目却十分重要的变化，即大学开发了美国式人文科学教育。

这与第一次世界大战也有渊源。美国陆军在参战时，要求哥伦比亚大学为陆军士兵制订开发一项教育课程。自建国以来，美国一直与欧洲保持一定的距离，对外奉行的是孤立主义政策。然而，美国参战就意味着放弃了这一政策，并试图进入世界政治舞台的中心。既然如此，美国就有必要确立应该奉行的理念和哲学，并向世界证明其普遍价值。为此，教育的推行迫在眉睫。

因此，一个名为"战时课题"（war issues）的教育计划诞生了。1919 年，战争结束后，又制订了一项名为"和平课题"（peace issues）的计划。这些计划后来被整合纳入了"现代文明"这一课程。

1920 年，学校引入了一种新形式的课程，要求学生阅读经典作品的原版英译本，不依赖任何注释类书籍。当然，不仅仅是阅读，学生以每周一本的速度阅读经典作品后，还要与授课老师当面交流心得。然而，当时只有从哥伦比亚大学原本人数就不多的学生中精挑细选出的精英才被允许参加该课程。后来，它发展成为一门名为"文学人文"的课程，这两门课成为"美国式人文科学"教育体系的起点。

霍克斯院长的功绩

这些通识类课程的设置得益于一位可以称之为"课程之父"的人物。他就是时任哥伦比亚大学校长的赫伯特·E·霍克斯，人称教务长霍克斯（Dean Hawkes）。"教务长"（dean）一词指的是院系负责人。哥伦比亚大学是一所综合性大学，由许多独立的机构组成，包括本科教育学院，以及商学研究院、医学研究院、法学研究院和全球政策研究院等专业分明的研究生院，每个学院都由院长领导。霍克斯是本科教育学院的院长，在日本人看来，这一职位类似校长。

他原本是一名数学教师，但他热衷于通识教育，从 1918 年上任到 1943 年去世，25 年来一直致力于核心课程的开发。然而，他提出的教育方针并非从一开始就受到欢迎。

在 12 世纪的意大利，大学中产生了教师联盟组织，之后一直有以教师为主导进行管理的传统。当时的教师往往只对自己的专业领域比较感兴趣，而对其他非本专业的文化则关注不多。大学内外也有人呼吁，教育要符合当代的时事性和职业的实用性，而不是去读经典和历史书籍。因此，不难想象，当时大多数人都对通识教育不屑一顾。

尽管如此，霍克斯对普及通识教育倾入了极大热情，最终使通识课程提升到了大学核心课程的地位，成为通识教育。类似的教育模式也被其他大学所借鉴。霍克斯本人也因为这项功绩，赢得了"教务长霍克斯"的称号，意思是"代表全美国的教务长"。

通识教育诞生 100 年

100 年后的今时今日，哥伦比亚大学被认为是全美国最好的通识教育大学。当然，随着时间的推移，学校也对课程进行了改进和完善，但前面提到的"现代文明"和"文学人文"这两门核心课程并未发生改动，依旧是所有学生的必修课。

此外，核心课程还包括"艺术人文""音乐人文""科学前沿""写作指导课程"这四门。换言之，在学习哲学的同时，学生也在学习美术、音乐、科学和写作知识。

当然，这些课程的目的不只是让学生获得这些领域的知识。首先，学生必须考虑知识的起源、结构和诞生的背景，与社会的关系，以及对人类产生的影响。这些知识，为我们生活中的善和美德建立了价值标准的基础。

除此之外，也有一些可以称为"准核心"的必修科目，共包括四个领域：科学领域的必修课、国际理论领域的必修课、外语领域的必修课、体育领域的必修课，每个领域下面又包含众多科目。

这些课程会随着时代的发展而进一步完善，我在写这本书时，调查了目前最新的课程设置计划。在 20 世纪 80 年代末，我的学生时代，国际理论领域的必修课涵盖的各门科目还不是必修课。当时正值美国对外施压，要求日本解决贸易不平衡问题，而在美国国内，一部分人通过敌对性的兼并和收购成为亿万富翁，横行于世。后来，又开始了与伊斯兰国家的长期冲突。

这种场景不禁让人联想到本书提到的《伯罗奔尼撒战争史》中所描述的走向没落的雅典，社会上也是一片众愚的光景。因此，我觉得这些课程是有价值的，可以让我们以冷静的态度观察这个时代。

顺便说一下，哥伦比亚大学的官网（https://www.columbia.edu/）中对国际理论领域的必修课的课程介绍如下：

"这个领域下的各门科目要求学生接触各种民族和传统文化，学生应该了解和学习非洲、亚洲、北美原住民、南美以及中东地区丰富多彩的文化和历史。"

这些科目可分为两种类型。第一种是深入了解美国、欧洲等国某一特定地区的历史背景和文明的起源。第二种类型是确定主题和分析方法，从比较文化的视角广泛了解其他文化。为了满足必修要求，学生必须从这两类科目中进行选择，并修读其中的两门课程。

也许是考虑到美国在国际舞台上的行为方式和世界对美国的冷眼相待，哥伦比亚大学才把国际理论领域设为必修领域。作为哥伦比亚大学的校友，说实话，我感到非常自豪。

远望《雅典学园》

本书介绍的内容只是哥伦比亚大学通识教育的一小部分。为了获得毕业证书，学生必须阅读更多关于哲学、宗教、艺术和科学的文献资料。

然而，我也很自信，本书至少将人文科学的精髓传达给了各位读者。我想请各位读者再次回忆一下拉斐尔在 16 世纪初画的《雅典学园》，这在本书第四章中有所介绍。如果读了本书之后，能改变各位读者的一些看法，那就是本书的一个伟大成就。因为那幅巨大的壁画本身就象征着人文科学。

所谓人文科学，无法用简单的几个词概括。因为人文科学要了解人类在漫长的历史进程中所积累的众多知识成果，以及其起源和组成结构，涉及历史、宗教、艺术和科学等方方面面。虽然涵盖的内容种类繁多，但是《雅典学园》这幅艺术作品就完美体现了这种多样性和复杂性。

如前所述，这幅画中描绘了各领域的专家，其中能确切知道身份的就有 21 位。他们之中有数学家、几何学家、自然科学家、画家、政治家、医生、军人、历史学家和诗人。学习他们每个人的专业领域的知识，不能称为人文科学。整个画面的构图以及画中体现出来的世界观，才是我们所要了解的 16 世纪初的人文科学。将柏拉图和亚里士多德置于整幅画面的中心位置，也从侧面很好地印证了这一点。

如果读者能抱着这种想法去欣赏《雅典学园》，那么至少已经迈进了人文科学的门槛。

我在学生时代和踏入社会之后，学习了许多不同领域的知识。其中，我对我在哥伦比亚大学学习的人文科学知识尤为着迷，我甚至觉得它们已经成了我身体血肉的一部分。作为作者，如果能向读者传达出这种魅力的哪怕一小部分，那就是我最大的快乐了。

我向工作的大学请了学术休假，完成了这本书，研究的主题是"国际商务的基础修养"。乍一看，该主题似乎与人文科学教育毫无关系。

然而，正如柏拉图所说："恶的灵魂带来斗争，而善的灵魂会带来友爱。"亚里士多德也曾说过："教育和政治的最初目的是使人的灵魂向善。"换言之，一个善的灵魂是一切的根基。在激烈的国际政治和国际贸易往来以及近期的新型冠状病毒肺炎的危机下，个体"善的灵魂"的真正价值将受到更大的考验。

后记

很长时间以来，我一直想把美国本土的通识教育带到日本，但写这本书的过程中也遇到了重重障碍。

最大的障碍是庞大的课程数量，本书介绍的内容只是哥伦比亚大学教学大纲中阅读清单的一部分。我把清单列在后记中，以供读者参考。以下是 2019 年秋季至 2021 年春季学期教学大纲的摘录：

文学人文（Literature Humanities）：以荷马、希罗多德、但丁等人为代表的西洋文学和哲学著作。

现代文明（Contemporary Civilization）：柏拉图、亚里士多德、奥古斯丁、笛卡尔等人的从希腊哲学到宗教、科学的思想著作。

艺术人文（Art Humanities）：从帕特农神庙到毕加索等人的艺术作品。在学习了西方艺术之后，学生还可以学习高级课程中的其他文明艺术。

音乐人文（Music Humanities）：从格里高利圣咏到维瓦尔第、巴赫、海顿、莫扎特、贝多芬、门德尔松、瓦格纳和威尔第，从古希腊到西方中世纪，文艺复兴、巴洛克、古典派、浪漫主义派和现代音乐。

科学前沿（Frontiers of Science）：学习脑科学、天体物理学、生物多样性学和地球科学这四个领域的课程。体验科学家如何直面难题、寻找答案。

我希望各位读者能切身体验到科学家是如何面对问题并寻找解决方案的，所以在此附上原文供大家参考。此处略去了其他核心课程写作指导课（University Writing），以及四个领域的准核心课程科学类必修课（Science Requirement）、国际理论类必修课（Global Core

Requirement）、外语类必修课（Foreign Language Requirement）、体育类必修课（Physical Education Requirement）的原文附录，但通过以上部分的介绍，相信读者能理解其课程宗旨。

"通识教育"一词是一个包罗万象的概念。每当我想传达它，都苦于找不到合适的传达方法。

我从实践领域转行，现在是一名大学教师，从事国际商务领域的教学任务。同时，我想把自己在哥伦比亚大学的经历分享给年轻人，并且多年来一直在坚持教授通识课程，将其作为商科学生的基础教养课程。课堂是小班教学的形式，与为数不多的学生一起阅读学习主要的经典作品，并以轮流朗读发表的形式开展研讨。我为此投入了大量的精力。

这次，能有机会在大学学术休假期间花大量时间来撰写本书。出版之路并非一帆风顺，如果没有撰稿人岛田荣昭付出的巨大努力和鼎力相助，这本书也不可能问世，是他把我粗浅的草稿和讲课记录变成了一部完成度高、可读性强的作品。此外，东洋经济新报社编辑部第一部长冈田光司先生协助我进行了各方面的策划和制作，这真的是一部需要团队合作才能完成的作品。

通识教育一直以来被蒙上了一层神秘的面纱，也一直是众人议论的对象。我们希望这本书的出版能够尽微薄之力，将通识教育的真实面貌公之于众。若这本书能够引起哪怕一位读者的共鸣，对我来说也是莫大的欣喜了。

2021 年 3 月

图书在版编目（CIP）数据

极简西方人文史 / (日) 中村聪一著；王丹译 . ——
上海：上海教育出版社, 2023.11
ISBN 978-7-5720-2338-5

Ⅰ . ①极… Ⅱ . ①中… ②王… Ⅲ . ①文化史 – 西方
国家 Ⅳ . ① K103

中国国家版本馆 CIP 数据核字 (2023) 第 205491 号

- -

本书地图系原书插附地图　审图号：GS（2023）2989 号
上海市版权局著作权合同登记号：图字 09-2023-0699

责任编辑　林凡凡
装帧设计　陈雪莲

极简西方人文史：哥伦比亚大学人文素养课
JIJIAN XIFANG RENWENSHI: GELUNBIYA DAXUE RENWEN SUYANGKE
[日] 中村聪一　著
王丹　译

出版发行　上海教育出版社有限公司
官　　网　www.seph.com.cn
地　　址　上海市闵行区号景路 159 弄 C 座
邮　　编　201101
印　　刷　上海盛通时代印刷有限公司
开　　本　889×1194　1/32　印张 8
字　　数　184 千字
版　　次　2023 年 11 月第 1 版
印　　次　2023 年 11 月第 1 次印刷
书　　号　ISBN 978-7-5720-2338-5 / G·2070
定　　价　58.00 元

如发现质量问题，读者可向本社调换　　电话：021-64373213